目指せ！合格！

家庭学習ガイド

青山学院初等部

入試情報

応 募 者 数：男子 234 名　女子 254 名
出 題 形 式：ノンペーパー
面　　　接：保護者
出 題 領 域：個別テスト（記憶、図形、推理、常識）、制作、行動観察、運動

入試対策

2020 年度の入学試験では、個別テスト、制作、行動観察、運動が実施されました。適性検査Ａでは個別テストが行われ、１対１でさまざまな質問を受けます。入試の緊張感の中で、先生の目の前で解答を指で示したり、口頭で答えたりするため、解答がわかっていても、上手に答えることができないお子さまもいるようです。この形式に慣れておけば、いくらか安心できますから、本番を想定した予行演習を行っておきましょう。

適性検査Ｂはグループで行われます。集団行動や運動、制作などの課題を通して、協調性がチェックされます。体育館や教室で、３時間以上かけてグループ活動を行わせるのは、学力を観るのではなく、時間の経過とともに現れるお子さまの「素の姿」を観ようということでしょう。

- 個別テストでは、質問内容をしっかり聞き取り、ハキハキ受け答えができるようにしてください。
- 運動に、特に難しい課題はありません。年齢相応の運動能力を身に付け、指示を理解し、それを守ることで充分によい評価が得られます。
- どの課題も「自分で考える」ことがポイントになっているので、知識に頼る詰め込み型の学習だけでは対応できません。答えを出すまでの過程を重視し、論理的に考える力を養っていきましょう。

必要とされる力　ベスト６

チャートで早わかり！

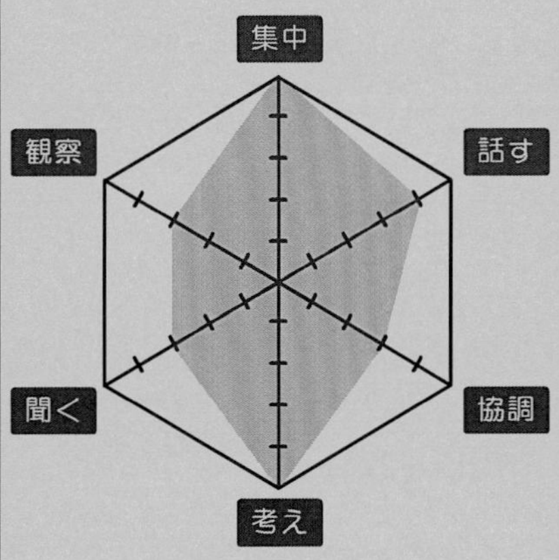

特に求められた力を集計し、左図にまとめました。
下図は各アイコンの説明です。

	アイコンの説明
集中	集　中　力…他のことに惑わされず１つのことに注意を向けて取り組む力
観察	観　察　力…２つのものの違いや詳細な部分に気付く力
聞く	聞　く　力…複雑な指示や長いお話を理解する力
考え	考える力…「～だから～だ」という思考ができる力
話す	話　す　力…自分の意志を伝え、人の意図を理解する力
語彙	語　彙　力…年齢相応の言葉を知っている力
創造	創　造　力…表現する力
公衆	公衆道徳…公衆場面におけるマナー、生活知識
知識	知　　識…動植物、季節、一般常識の知識
協調	協　調　性…集団行動の中で、積極的かつ他人を思いやって行動する力

※各「力」の詳しい学習方法などは、ホームページに掲載してありますのでご覧ください。http://www.nichigaku.jp

「青山学院初等部」について

＜合格のためのアドバイス＞

当校が望む子ども像は、経験に基づいた生活力・諦めない気持ち・粘り強さ・活力がある子どもです。これをふまえ、試験全体を通し、積極性や、創意工夫をする様子を見せることは、決して無駄ではありません。

適性検査Ａ（個別テスト）は、答えを指で示したり、聞かれたことにきちんと答えるなどの基本的なコミュニケーション能力が観点です。日常生活の中で、自分の意見を述べる経験を大切にしてください。出題内容は、**記憶**、**常識**、**図形**など多岐に渡っています。学習の基本は具体物を使った学習や日常での経験を積むことですが、知識を得るため、試験課題にはない試験のペーパー学習にも取り組みましょう。

適性検査Ｂ（集団テスト）では、入学後の生活を見据えた観点から、集団で取り組む課題が出題されます。各課題において「×がついた子どもを落とす」のではなく、「〇がたくさんついた子どもを選んでいく」という評価を行っているので積極的な行動をとるべきでしょう。**運動**や**制作**の課題では、指示を理解する力、年齢相応の基本的な能力が必要ですが、高い運動能力や完成度の高い作品を求めてはいません。あくまでも行動観察の課題としてとらえてください。グループ内での意見交換や譲り合いができるようにしておきましょう。そのためには日頃からコミュニケーションの機会が必要になってきます。知らないお友だちや異年齢のお友だちと関わり、人との付き合い方を学んでください。トラブルが起きた時には別ですが、保護者の方はできるだけ関わらないようにしてください。その方が自主性が育ちます。

〈2020年度選考〉

◆アンケート（願書提出時）

◆保護者面接（考査日前に実施／約10分）
※願書提出時に面接資料を提出。

〈適正検査Ａ〉（個別）
◆口頭試問

〈適正検査Ｂ〉（集団）
◆行動観察
◆制作
◆運動

◇過去の応募状況

2020年度	男子234名	女子254名
2019年度	男子257名	女子235名
2018年度	男子216名	女子232名

入試のチェックポイント
◇受験番号は……「生年月日順」
◇男女の別は……「男女別で実施」
◇生まれ月の考慮……「あり」

〈本書掲載分以外の過去問題〉

◆記憶：星マークが書かれていた場所におはじきを置く。［2017年度］
◆言語：名前の真ん中が「さ」のものに〇をつける。［2016年度］
◆推理：サイコロの反対側に書かれたものは何か考える。［2016年度］
◆常識：学校や日常生活で使うものを仲間分けする。［2014年度］
◆運動：リレー、クマ歩き、アザラシ歩き、サーキット運動（平均台→跳び箱→低い障害物を跳び越え、高い障害物をくぐる）［2013年度］

目指せ！合格！

家庭学習ガイド
目黒星美学園小学校

入試情報

応募者数：非公表
出題形式：ペーパー、ノンペーパー
面　　接：志願者・保護者面接
出題領域：ペーパーテスト（数量、図形、常識、推理、言語、記憶）、行動観察

入試対策

2020 年度の入学試験では、前年に引き続き、ペーパーテスト、個別テスト、行動観察が行われました。ペーパーテストの範囲は、数量、図形、常識、推理、言語、記憶、と幅広いものの、難しい問題は少ないので、基礎学力の伸長に力を入れましょう。注意しなければならないのは、お話の記憶と数量分野の問題です。お話の記憶のお話が長いだけでなく、登場人物の感情を聞き取るといった設問もあり、当校入試としてはハイレベルな問題です。日ごろの読み聞かせでも、心情を問いかけるなどの対策をしてください。また、数量分野の問題では、積み木などを使った問題のほか、たし算・ひき算、あまりのあるわり算など、小学校入試の範囲を超えた出題もあります。対策はしておいたほうがよいでしょう。

●日ごろの読み聞かせでは、登場人物の心情を問いかけるなど、当校の出題に合った対策をしてください。
●数量については、先入観を持たせるとよくないので、数字を使った学習ではなく、あくまでそのものをイメージして解答する、という方法で学んでください。
●行動観察の課題は、協調性が主な評価ポイントです。

必要とされる力　ベスト６

チャートで早わかり！

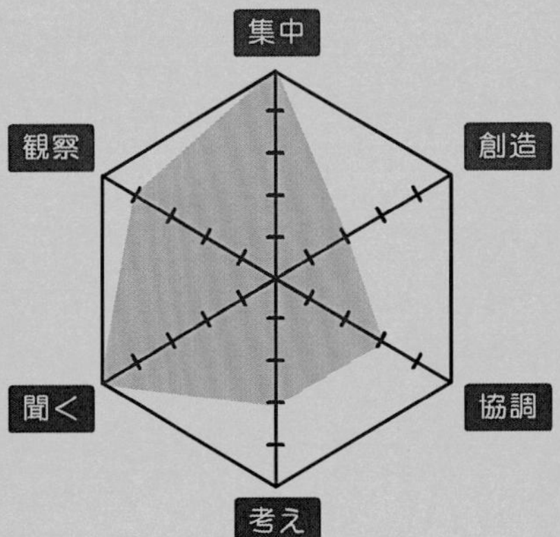

特に求められた力を集計し、左図にまとめました。
下図は各アイコンの説明です。

	アイコンの説明
集中	集　中　力…他のことに惑わされず１つのことに注意を向けて取り組む力
観察	観　察　力…２つのものの違いや詳細な部分に気付く力
聞く	聞　く　力…複雑な指示や長いお話を理解する力
考え	考える力…「～だから～だ」という思考ができる力
話す	話　す　力…自分の意志を伝え、人の意図を理解する力
語彙	語　彙　力…年齢相応の言葉を知っている力
創造	創　造　力…表現する力
公衆	公衆道徳…公衆場面におけるマナー、生活知識
知識	知　　識…動植物、季節、一般常識の知識
協調	協　調　性…集団行動の中で、積極的かつ他人を思いやって行動する力

※各「力」の詳しい学習方法などは、ホームページに掲載してありますのでご覧ください。http://www.nichigaku.jp

「目黒星美学園小学校」について

〈合格のためのアドバイス〉

ペーパーテストの出題範囲は**数量**、**図形**、**常識**、**推理**、**言語**、**記憶**など多岐に渡ります。基礎をしっかり学習し、ミスをしないよう確実に理解するよう心がけることが重要です。ただし、**お話の記憶**と**数量**については、より高度な出題に対応できる力が必要になります。**系列**は、自分で法則を発見することに重点を置いて基本的な問題の演習を行いましょう。**数量の数の増減**は、おはじきなど具体物で数を操作し、増えたり減ったりする様子を体感しながら理解させてください。**図形**は、具体物を操作することで感覚を養うことができるので、ペーパーだけでなく、手を動かして学習してください。**言語**は、しりとりや同音頭語探しなど、言葉遊びを楽しみながら語彙を増やしていくとよいでしょう。電車や公共の場でのマナーなどの**常識**は、日常生活のさまざまな場面でその都度考えさせていくことで身に付いていきます。**仲間分け・仲間探し**は、季節、棲んでいる場所、形、材質、用途、数え方など、さまざまなものの特徴を理解させていくことで、お子さまの知識の引き出しを増やしていってください。

集団テストでは、協調性が求められますが、ただ何となく周りの意見に同調するのではなく、自分の意見をしっかり伝えることも大切です。何よりも楽しく課題を行うことができるようにしてください。お子さまの振る舞いを通して、ふだんの家庭の様子が観られるということを意識して、試験までの期間を過ごしてください。

〈2020 年度選考〉

◆保護者・志願者面接（約 15 分）
◆ペーパーテスト（数量、図形、常識、推理、言語、記憶など）
◆行動観察（集団）
◆制作（個別）
◆口頭試問（個別）

◇過去の応募状況

2020 年度　非公表
2019 年度　非公表
2018 年度　男女 599 名

入試のチェックポイント

◇受験番号は…「願書提出順」
◇生まれ月の考慮…「あり」

〈本書掲載分以外の過去問題〉

◆言語：絵と同じように積み木を組んでください。（個別テスト）［2017 年度］
◆数量：絵に描かれた積み木の数はいくつでしょうか。［2016 年度］
◆推理：シーソーが釣りあうためには、いくつの載せればよいでしょうか。［2015 年度］
◆系列：決まった順番で並ぶ絵の中に当てはまるものを答える。［2014 年度］
◆常識：仲間分けと電車内でのマナーを答える。［2014 年度］
◆常識：路上にいる人たちの絵を見て、いけないことをしている人を指摘。［2013 年度］

青山学院初等部
目黒星美学園小学校

過去問題集

〈はじめに〉

現在、少子化が叫ばれているにもかかわらず、私立・国立小学校の入学試験には一定の応募者があります。入試は、ただやみくもに学習するだけでは成果を得ることはできません。志望校の過去における出題傾向を研究・把握した上で、練習を進めていくこと、その上で試験までに志願者の不得意分野を克服していくことが必須条件です。そこで、本問題集は小学校を受験される方々に、志望校の出題傾向をより詳しく知って頂くために、過去に遡り出題頻度の高い問題を結集いたしました。最新のデータを含む精選された過去問題集で実力をお付けください。

また、志望校の選択には弊社発行の「2021年度版　首都圏・東日本　国立・私立小学校　進学のてびき」をぜひ参考になさってください。

〈本書ご使用方法〉

◆出題者は出題前に一度問題を通読し、出題内容などを把握した上で、〈 準 備 〉の欄に表記してあるものを用意してから始めてください。

◆お子さまに絵の頁を渡し、出題者が問題文を読む形式で出題してください。問題を読んだ後で、絵の頁を渡す問題もありますのでご注意ください。

◆「分野」は、問題の分野を表しています。弊社の問題集の分野に対応していますので、復習の際の目安にお役立てください。

◆問題番号右端のアイコンは、各問題に必要な力を表しています。詳しくは、アドバイス頁（ピンク色の紙１枚目下部）をご覧ください。

◆一部の描画や工作、常識等の問題については、解答が省略されているものがあります。お子さまの答えが成り立つか、出題者が各自でご判断ください。

◆〈 時 間 〉につきましては、目安とお考えください。

◆解答右端の［〇年度］は、問題の出題年度です。［2020年度］は、「2019年の秋から冬にかけて行われた2020年度入学志望者向けの考査で出題された問題」という意味です。

◆学習のポイントは、指導の際にご参考にしてください。

◆【おすすめ問題集】は各問題の基礎力養成や実力アップにお役立てください。

〈本書ご使用にあたっての注意点〉

◆文中に**この問題の絵は縦に使用してください。**と記載してある問題の絵は縦にしてお使いください。

◆〈 準 備 〉の欄で、クレヨンと表記してある場合は12色程度のものを、画用紙と表記してある場合は白い画用紙をご用意ください。

◆文中に**この問題の絵はありません。**と記載してある問題には絵の頁がありませんので、ご注意ください。なお、問題の絵の右上にある番号が連番でなくても、中央下の頁番号が連番の場合は落丁ではありません。

下記一覧表の●が付いている問題は絵がありません。

問題１	問題２	問題３	問題４	問題５	問題６	問題７	問題８	問題９	問題10
●			●						●
問題11	問題12	問題13	問題14	問題15	問題16	問題17	問題18	問題19	問題20
●	●	●						●	
問題21	問題22	問題23	問題24	問題25	問題26	問題27	問題28	問題29	問題30
問題31	問題32	問題33	問題34	問題35	問題36	問題37	問題38	問題39	問題40
									●

(得) 先輩ママたちの声！

◆実際に受験をされた方からのアドバイスです。
ぜひ参考にしてください。

青山学院初等部

・面接では、主に面接資料に書いたことに関して質問されました。和やかな雰囲気ではありましたが、先生方との距離が近く緊張しました。面接時間は５分程度だったので、あっという間に終わったという印象です。しっかりとまとめて話をすることが大切だと思います。

・学校についてどれだけ理解しているのかを観ているので、説明会への参加は必須です。そこで感じたことを、面接資料や願書に記入するとよいと思います。面接では必ずそこからの質問があります。

・適正Ｂ（行動観察）は、子どもにとって楽しいテストのようですが、ふざけてしまう子も多かったようです。

・考査終了後、息子は「楽しかったよ」と戻ってきました。楽しく周りのお友だちと関わることが大切なのかもしれません。

目黒星美学園小学校

・ペーパーテストは、基礎的なことをしっかり学習しておけば問題ないと思います。

・説明会は数回開催されますが、いずれも内容が異なるので、できるだけ参加した方がよいと思います。また、体験スクールもあり、先生の教え方を見ることができるので、こちらへの参加もおすすめします。

・子どもが参加できる公開行事にはできるだけたくさん参加するとよいと思います。特に、追い込みの時期には気分転換にもなり、子ども自身も、この学校に行きたいという意欲が沸き、がんばれると思います。また、テスト当日、「この学校、来たことがあるね。楽しかったね」とリラックスして臨め、面接でもそのお話を先生にきちんとお話できると思います。

・考査が長時間に及ぶため、最初は緊張していた子どもも、徐々にふだんの姿が出てきます。学校が観ているのは、短時間でわかる能力ではなく、子どもたちのそのような姿だと思いました。

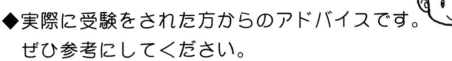

〈青山学院初等部〉

◎学習効果を上げるため、前掲の「家庭学習ガイド」及び「合格のためのアドバイス」をお読みになり、各校が実施する入試の出題傾向を、よく把握した上で問題に取り組んでください。
※冒頭の「本書ご使用方法」「本書ご使用にあたっての注意点」も併せてご覧ください。

2020年度の最新問題

問題1　分野：口頭試問（お話の記憶）　聞く　集中

〈準　備〉　問題のお話部分の朗読を録音したＩＣレコーダー

〈問　題〉　**この問題の絵はありません。**
これから２つのお話をします。よく聞いて、後の質問に答えてください。

（次の(1)～(4)のうち、２つがICレコーダーで流される）これから２つのお話をします。よく聞いて、後の質問に答えてください。

(1) ３月15日の火曜日は、お姉さんの８歳の誕生日です。誕生日ケーキをチョコレートケーキかイチゴケーキにしようと思ったけれど、お姉さんに決めてもらって、パンケーキを２枚重ねて上にクリームを載せることにしました。妹は魚と貝の形のビーズで作ったネックレスをプレゼントしました。
①お姉さんの誕生日は何月何日ですか。
②お誕生日のプレゼントは何でしたか。

(2) 幼稚園では鬼ごっこが人気です。ユミちゃんはすぐに捕まって、鬼になってばかりなので怒ってしまいました。次の日ユミちゃんが幼稚園に行って「鬼ごっこしよう」と言ってもみんなは知らんぷりしていました。
①女の子の名前は何ですか。
②次の日にあなたがそこにいたらどうしますか。

(3) 公園では、ジャングルジムが人気です。マルくんはジャングルジムのてっぺんに座って、お友だちが来ても代わってあげませんでした。次の日マルくんがブランコに乗ろうとしたら、みんな聞こえないふりをして代わってくれませんでした。
①公園では何が人気ですか。
②どうしてマルくんはブランコを代わってもらえなかったのですか。

(4) タロウくんは、土曜日にお父さん、お母さん、妹のワカナちゃんといっしょに動物園に行きました。最初にパンダを見て、次にトラを見ました。トラは昼寝をしていました。次にライオンとゾウを見ました。ワカナちゃんはシマウマのハンカチを、タロウくんはライオンの絵の付いたコップをおみやげに買ってもらいました。
①動物園には誰と行きましたか。
②おみやげは何でしたか。

〈時　間〉　各５分程度

〈解　答〉　(1)①３月15日　②ネックレス　(2)①ユミちゃん　②省略
(3)①ジャングルジム　②省略
(4)①お父さん、お母さん、ワカナちゃん
②シマウマのハンカチ、ライオンの絵の付いたコップ

［2020年度出題］

学習のポイント

口頭試問は、８～10人ずつのグループに分かれ、４つの教室を回りながら行われます。お話の記憶は、上記の４つのお話のうち２つが出題されます。先生が再生ボタンを押してからＩＣレコーダーを渡してくれますので、受験生はそれを聞き終わってから、先生からの質問に口頭で答えます。お話そのものは短く単純なものです。読み聞かせを通じて、出来事や感情をイメージできるようにしておけば問題なく対応できるでしょう。口頭試問の形式で行われるため、解答の正誤だけでなく、言葉遣いや態度も観られています。お子さまのふだんの言葉遣いや、話を聞いているときの態度にも気を付けましょう。お子さまは保護者の方をお手本にしますから、ご自身の言葉遣いや態度についても振り返ってください。

【おすすめ問題集】
　１話５分の読み聞かせお話集①②、お話の記憶 初級編・中級編

問題２　分野：口頭試問（生活巧緻性）

観察　集中

〈準備〉　①バッグ：ふたのないトートバッグのようなもの（横幅40cm×高さ30cm程度
　バッグに詰めるもの：レジャーシート（60cm×90cm）、おにぎり、ミカン、手提げ付きビニール袋、チャック付きビニール袋、タオル、ハンカチ、ラムネ（飲みもの）、ポテトチップス、シャベル、熊手、スケッチブックなど
②用意されている道具：レジャーシート（60cm×90cm）、マグネット、目玉クリップ、菜箸、S字フック、靴べら、トング、ピンセット、ひも、フライ返し
　机の上にあるもの：ミニカー、スポンジボール（直径２cm程度）、ドーナツのおもちゃ、ネズミのぬいぐるみ、太い輪ゴム

〈問題〉　①今から海に行く準備をします。机の上にあるものを全部、バッグの中に、つぶれないように入れてください。海に着いたら、すぐにシートを広げてお昼ごはんを食べます。
②机の上に並んでいるものを１つずつ、道具を使って取ってください。机の前の、床に敷いてあるシートの中に入ってはいけません。道具を組み合わせてもよいですが、１度使ったものはもう使えません。下に落としたら、やり直しです。

〈時間〉　各５分程度

〈解答〉　省略

［2020年度出題］

学習のポイント

①では、バッグへの詰め方や詰める順番について考え、工夫できているどうかを観ています。また食べものはすべて本物が用意されているので、それぞれの特性に応じた取り扱い方をしなければなりません。買いものや外出の際に見せていれば、スムーズに対応できるはずです。②は毎年出題されている、道具を使ってものを運ぶ課題です。本問では、最初に何をどう運ぶのかを考えなくてはなりません。いくつ運べるかに気を取られすぎたり、使いやすそうな道具をとりあえず手に取ったりしていると、使える道具がなくなってしまいます。①②ともに、生活体験から得た知識と、その知識を状況に応じて応用したり、工夫したりすることが求められています。

【おすすめ問題集】
　Ｊｒ・ウォッチャー25「生活巧緻性」

問題3　分野：口頭試問（見る記憶）

観察　集中

〈準備〉　記憶するカード、解答するカード（マークが記入されている、丸型）、解答を置くカード（記憶するカードと同じ形状で、何のマークも記入されていないもの）

〈問題〉　今から、カードに描かれた３つの丸いマークを覚えてください。
（10秒後）覚えたマークと同じものを選び、マークのあった場所に置いてください。

〈時間〉　１分

〈解答〉　省略

［2020年度出題］

学習のポイント

見る記憶の問題です。記憶するマークはシンプルですが、形の微妙な大きさの違いや配色など、記憶する要素はいくつかあります。この問題では、３つのマークを10秒程度で記憶し、20秒でそれぞれ同じマークを選んでカードの上に置いて再現しなければなりませんから、記憶の確かさと同時に、理解と行動のスピードも求められています。またカードに描かれたマークを記憶する→円形のマークを選ぶ→別のカードに選んだマークを並べる、という一連の手続きも、やや複雑なので指示を理解して行動することも必要です。解答には、観察力と記憶力が必要ですが、解答時間を考えると、ある程度直感的に解答しなければなりません。繰り返し練習を行うことで、必要な要素を短時間で把握できるようになります。

【おすすめ問題集】
　Ｊｒ・ウォッチャー20「見る記憶・聴く記憶」

問題4　分野：口頭試問（言葉の音）

語彙　知識

〈準備〉　なし

〈問題〉　**この問題の絵はありません。**

①３つの音でできている言葉で、真ん中が「ん」の音の言葉を思いつくだけ言ってください。

②３つの音でできている言葉で、「き」の音で終わる言葉を思いつくだけ言ってください。

〈時間〉　各20秒

〈解答〉　省略

［2020年度出題］

学習のポイント

条件に合う言葉を探す「言葉探し」の課題です。言語の課題については、ふだんから親子で言葉を言い合うような言葉遊びをして、言葉の音やリズムに親しんでおくことが最良の対策になります。こうした言語感覚は、言葉の意味をおぼえるのではなく、発音して耳と口を使うことで養われます。言葉遊びには、はじまりの音（頭音）が同じ言葉を探す「頭音集め」や終わりの音（尾音）が同じ言葉を探す「尾音集め」「しりとり」などがあります。工夫次第でいろいろな遊びに発展させることもできますので、お散歩をしながら、おやつを食べながらなど、机の上の学習以外の時間を有効に活用して積極的に取り入れ、楽しんでください。

【おすすめ問題集】

Ｊｒ・ウォッチャー17「言葉の音遊び」、18「いろいろな言葉」、
60「言葉の音（おん）」

問題5　分野：推理（系列）

観察　考え

〈準備〉　鉛筆

〈問題〉　お約束にしたがって印が並んでいます。「？」のところに入る形を４つの中から選んでください。

〈時間〉　30秒

〈解答〉　右から２番目

［2020年度出題］

学習のポイント

系列の問題です。お約束を見つけて「？」の場所に何が入るのかを考えます。まず、お約束が何個の印で繰り返されているのかを考え、次にどのような規則で並んでいるのかを考えます。本問では、１番左の箱と右から２番目の箱の左上に星印があります。それぞれの右隣の箱を見てみると、同じく右上に星印が書いてありますから、お約束の単位は４個だということがわかります。お約束の中での規則を見てみると、星印の位置が左から「左上→右上→右下」となっており１番右の箱が「？」になっています。星印が箱の四隅を移動する、と考えると「？」の箱の左下に星印が書かれていると推定できます。お約束のパターンや探し方はある程度限られていますので、規則を見つけ出すことは、徐々に身に付けられます。繰り返し学習をしていきましょう。

【おすすめ問題集】

Ｊｒ・ウォッチャー６「系列」

問題６　分野：口頭試問（四方からの観察）

観察　考え

〈準備〉　なし

〈問題〉　左の四角の中にある積み木を、指が示している方向から見たら、どのように見えるでしょう。正しいものを指で指してください。

〈時間〉　各15秒

〈解答〉　下図参照

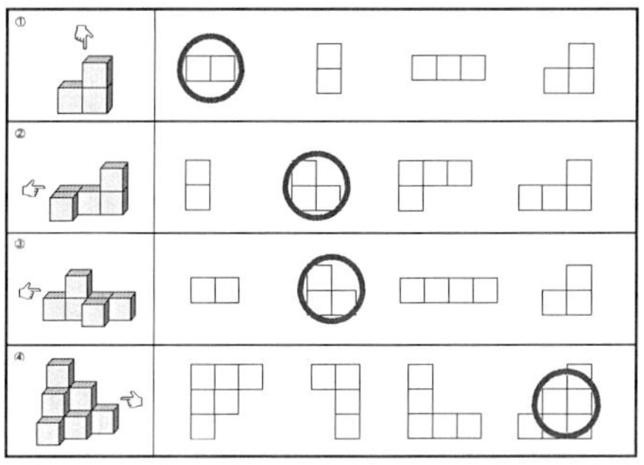

［2020年度出題］

学習のポイント

指が示している方向から見える形を選ぶ「四方からの観察」という図形分野の問題です。視点が違うと、ものの見え方も違うことがわかっているか、という趣旨の問題です。慣れていないと、いきなりイメージするのは難しいかもしれません。やはり実際に積み木を積んで、それをさまざまな方向から見て、それぞれの方向からの見え方を確認してください。イラストでは見えないところにある立体についても、積み木を動かしながら見せてあげましょう。ふだんから、さまざまな日用品や建物が、ほかの方向からどう見えるのかを確かめたり問いかけたりしながら、お子さまの立体に対する感覚を養ってください。

【おすすめ問題集】

Ｊｒ・ウォッチャー10「四方からの観察」、53「四方からの観察　積み木編」

問題7　分野：口頭試問（図形／合成・分割）

観察　集中

〈準備〉　なし

〈問題〉　見本の絵を作るのに、使わない絵はどれですか。４つの絵の中から選んで指差してください。

〈時間〉　各15秒

〈解答〉　①左から２番目　②右端

［2020年度出題］

学習のポイント

図形の分割や合成の問題は、図形の長さや角度を目測できるようにしなければならないため、プリント上だけで学習しても、ほぼ効果がありません。いろいろな形を直線で分割した手製のパズルをつくり、自分の手で組み合わせながら元の形を再現して、練習してください。ぴったり合う辺はどこか、どの角を合わせれば元の形になるのか、などの予測をする練習になります。単に慣れるのではなく、考えながら手を動かすよう促しましょう。１つの図形について完璧になったと思ったら、別のパーツを混ぜて練習し、不要なものを省く練習をして、さらに思考を深めるようにします。本問のような影絵だけでなく、多角形や円などの図形が出題されることもあります。そのような出題にも対処できるよう、繰り返し学習して慣れていくようにしてください。

【おすすめ問題集】

Ｊｒ・ウォッチャー９「合成」、45「図形分割」

問題8　分野：口頭試問（四方からの観察）

観察　考え

〈準備〉　立体の見本（厚紙で作成）

〈問題〉　点線に沿って切った時、切り口はどのように見えるでしょう。４つの中から選んで、指を差してください。

〈時間〉　各15秒

〈解答〉　下図参照

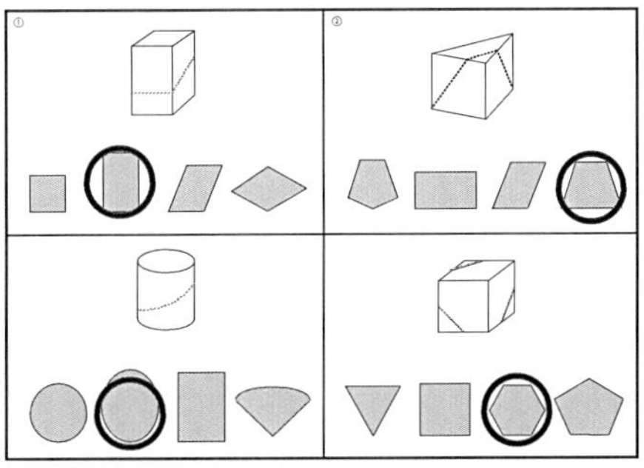

［2020年度出題］

学習のポイント

空間図形の断面を考える問題です。見えない部分を想像したり、点を頭の中でつないで図形を想像したりしなければならないので、難しい問題です。辺や点を見えるようにするために、粘土と竹ひごを用意して、出題される立体の頂点を粘土の玉で、竹ひごで辺を作ると、立体のすべての点や辺を見えるようになります。その上で、切断する線に沿って毛糸などを巻いてみると、切断面を視覚的に捉えることができます。また、円柱や円錐など曲線を含む図形については、粘土で立体を作り、実際に切って説明することもできます。次のステップとして、立体に切断線から辺や頂点を数えながら、断面の形を類推してみましょう。就学前のお子さまにとっては、立体を捉えるだけでも難しいことですから、目で見ながら教えられるよう、工夫してください。

【おすすめ問題集】
Ｊｒ・ウォッチャー10「四方からの観察」、31「推理思考」

問題9　分野：口頭試問（常識）　知識

〈準備〉　なし

〈問題〉　①仲間を探しましょう。また何の仲間かも言いましょう。
②③仲間はずれを探しましょう。また、その理由も言いましょう。

〈時間〉　各15秒

〈解答〉　①ダチョウ、ペンギン、キツツキ：鳥の仲間
②ナス：ほかは土の中にできる野菜　③アシカ：ほかは卵から生まれる生物
※そのほか保護者の方が正解と思える共通点があれば正解にする

［2020年度出題］

学習のポイント

一般的な常識分野の問題は、知識として名前を知っていればできますが、ここでは複数のものの共通点を探す、それより深い知識が必要になります。これらの知識を得るには、単に机上でおぼえるのではなく、それぞれの物事について、さまざまな視点から捉える習慣を付けておくことが必要です。生き物であれば種類や生息地、どのような形態で生まれるかなど、また植物であれば季節、育つ場所、増え方などを考えるようにしましょう。保護者の方は、お子さまが新しいものに出会った際に説明や問いかけをして、興味を引き出してあげてください。知識の引き出しが増えなければ、それらを分類することもできるようにはなりません。

【おすすめ問題集】
Ｊｒ・ウォッチャー27「理科」、55「理科②」

問題10　分野：行動観察

話す　協調

〈準備〉　質疑応答：教室内に椅子を半円形に並べる
集団ゲーム：色違いの帽子（赤・青・黄・緑など）
自由遊び：ろくぼく（木製のはしご）、跳び縄、風船、ドッヂボール

〈問題〉　**この問題の絵はありません。**

質疑応答
・朝ごはんは何を食べてきましたか。
・住所を教えてください.
・近くの駅を教えてください。
・嫌いな食べものは何ですか。

集団ゲーム
①チームに分かれてリレーをしましょう。チームごとに色違いの帽子をかぶってください。
②宇宙人鬼ごっこをします。「頭星人」「おなか星人」「お尻星人」の３つに分かれ、それぞれ頭・おなか・お尻に手を置きながら鬼ごっこをします。タッチされたらその星人に変身します。最後に１番多く残っている星人の勝ちです。

自由遊び：
ここでは自由に遊びましょう。笛が鳴ったらおしまいです。

〈時間〉　各５分程度

〈解答〉　省略

［2020年度出題］

学習のポイント

質疑応答では、１人ずつ立って、氏名と幼稚園・保育園・こども園の名前を言ってから質問されます。はじめて会うお友だちのいる中で、はきはきと話せるよう、ふだんから心掛けてください。集団ゲームでは、ルールを理解した上でそれを守り、お友だちと楽しく遊べるかどうかが観られています。自由遊びでは、用意された遊び道具を適切に使ってお友だちといっしょに遊べるかどうか、という協調性がポイントです。いずれもお子さまの、お友だちとの接し方を観ることで、入学後の集団生活への適性を見極める課題です。ふだんのお友だちとの接し方をチェックしてみてください。気になることがあった際には、頭ごなしに「ああしなさい、こうしなさい」と言うのではなく、お子さまの考えに耳を傾けた上で「こうしたらどうかな」「〇〇さん（お友だちの名前）は、こう思うんじゃないかな」などと、他者への想像力を育むようなアドバイスを心掛けてください。

【おすすめ問題集】
Ｊｒ・ウォッチャー29「行動観察」

問題11　分野：制作・行動観察

創造　協調

〈準 備〉　絵本、画用紙、折り紙、ビニールテープ、牛乳パック（大小）、段ボール、モール、毛糸、ストロー、輪ゴム、カラーチューブ、カラービニール袋（大）、ストロー、封筒

〈問 題〉　**この問題の絵はありません。**

○1日目（男子）

（導入として、①では絵本『わにわにのおでかけ』（小風さち著・福音館書店刊）、②では『ねずみのいもほり』（山下明生著・チャイルド本社刊）を読み聞かせる。③は読み聞かせなし）

①『わにわにのおでかけ』の話に出てきたお祭りの道具を作りましょう。その後はお祭りごっこをして遊びましょう。

②『ねずみのいもほり』の話に出てきた動物のお面や衣装を作ってください。その後は劇をしましょう。

③封筒を使って生きものを作ってください。できたらパクっとエサを食べるゲームをしましょう。

○2日目（女子）

（導入として①では絵本『つみきでとんとん』（竹下文子著・金の星社刊）、②では『おまつり』（あずみ虫著・白泉社刊）、③では『おやおや、おやさい』（石津ちひろ著・福音館書店刊）を読み聞かせる。④は読み聞かせなし）

①『つみきでとんとん』の話に出てきたものを作りましょう。終わったら何を作ったかを発表してください。

②『おまつり』の話に出てきたものを選んで作りましょう。終わったら何を作ったかを発表してください。

③『おやおや、おやさい』の話に出てきたものを選んで作りましょう。その後で劇をしましょう。

④グループで相談して作りたい食べもの（お菓子）を決めて作ってください。その後でお店屋さんごっこをしましょう。

○3日目（男女）

（導入として①では絵本『ありとすいか』（たむらしげる著・ポプラ社刊）を読み聞かせる。②は読み聞かせなし）

①『ありとすいか』のお話に出てきたものを作りましょう。その後で劇をしましょう。

②遊べるおもちゃを作りましょう。その後でお店屋さんごっこをしましょう。

〈時 間〉　各20分程度

〈解 答〉　省略

［2020年度出題］

家庭学習のコツ①　「先輩ママのアドバイス」を読みましょう！

本書冒頭の「先輩ママのアドバイス」には、実際に試験を経験された方の貴重なお話が掲載されています。対策学習への取り組み方だけでなく、試験場の雰囲気や会場での過ごし方、お子さまの健康管理、家庭学習の方法など、さまざまなことがらについてのアドバイスもあります。先輩ママの体験談、アドバイスに学び、ステップアップを図りましょう！

学習のポイント

4～5人のグループでテーマに沿った制作を行い、成果物を使って、劇やごっこ遊び、プレゼンテーションの形で発表する課題です。グループのお子さまそれぞれの意見に耳を傾け、それを1つにまとめて制作を分担し、みんなで発表するという、入学後のグループ学習を想定した設問です。2020年より全面実施されている学習指導要領では、新しい学びのあり方として、他者と議論し協力しながらの学習が示されており、各私立小学校では、その適性を観る設問が増えてきています。個人での学び以外の学習も重視されますので、受験対策の学習の段階でも、時に保護者の方といっしょに取り組むようにしてください。その際、どうすればスムーズに進めることができるのかも、お子さまにお伝えください。

【おすすめ問題集】
新口頭試問・個別テスト問題集、新ノンペーパーテスト問題集
Ｊｒ・ウォッチャー23「切る・貼る・塗る」、24「絵画」

問題12 分野：面接（保護者面接）

聞く　話す

〈準 備〉 なし

〈問 題〉 この問題の絵はありません。

（質問例）
【父親へ】
・出身校と仕事についてお話しください。
・教会学校へはいつから通っていますか。きっかけは何ですか。
・キリスト教についてどのようにお考えですか。
・平日はお子さまとどのように触れ合っていますか。
・数ある私立の中でなぜ本校を選んだのですか。
・在校生や卒業生からいろいろ初等部のことをお聞きになっているようですが、印象に残っていることはありますか。
・（卒業生の場合）初等部での思い出をお話しください。
・（上の子が在校生の場合）上のお子さまが入学する前と今では初等部の印象は変わりましたか。
・そのほか「調査書」や「面接資料」に基づく質問。

【母親へ】
・出身校と仕事についてお話しください。
・オープンスクールのお子さまの感想はどうでしたか。
・お母さまとお子さまが大切にしていることは何ですか。
・（上の子が在校生の場合）上のお子さまは下のお子さまに学校のことをどう話していますか。
・ファミリーフェアで気に入ったプログラムは何ですか。
・お通いの幼稚園・保育園・こども園の特徴を教えてください。
・（仕事をしている場合）保育園の送迎はどのようにしているのですか。
・お子さまはなにかお手伝いをしていますか。
・そのほか「調査書」や「面接資料」に基づく質問。

〈時 間〉 10分程度

〈解 答〉 省略

［2020年度出題］

学習のポイント

面接は保護者のみを対象に行われ、適性検査より前に行われます。面接資料には、本校の教育の様子をどのようにして知ったのか、またどのような点を評価して志望したのか、という学校についての質問と、どのようなことを心がけて子育てをしているか、お子さまの様子をどのように見ているのか、というお子さまの日常生活について記入します。入学にあたって、キリスト教の信徒であることは求められていないものの、キリスト教についての理解や、教会学校については重視されていますので、教会に通ったり、キリスト教や聖書についての理解を深めたりしておくことをおすすめします。

【おすすめ問題集】

新小学校受験の入試面接Ｑ＆Ａ、面接テスト問題集、面接最強マニュアル

家庭学習のコツ②　「家庭学習ガイド」はママの味方！

問題演習を始める前に、試験の概要をまとめた「家庭学習ガイド（本書カラーページに掲載）」を読みましょう。「家庭学習ガイド」には、応募者数や試験課目の詳細のほか、学習を進める上で重要な情報が掲載されています。それらの情報で入試の傾向をつかみ、学習の方針を立ててから、対策学習を始めてください。

問題13　分野：口頭試問（お話の記憶）

聞く　集中

〈準備〉　なし

〈問題〉　**この問題の絵はありません。**
これから２つのお話をします。よく聞いて、後の質問に答えてください。

みんなが楽しみにしている運動会が近づいてきました。でも、あいさんはあまり元気がありません。なぜならあいさんは走るのが苦手なのです。そんなあいさんのことを思って、お兄さんが練習をしてくれることになりました。少しでも足が速くなりたいあいさんは、足の速いお兄さんと特訓を始めました。練習をしていると、おじいさんが「昔はおじいさんも足が速かったんだ」と言って、練習に参加することになりました。練習は、家の裏にある長い階段でしました。お兄さんは、「太ももを高く上げると速く走れるよ」と言い、おじいさんは、「腕を大きく振ると速く走れるよ」と言いました。教えてもらったことを試してもなかなか速く走れるようになりませんでしたが、何度も練習をしているうちに、少しずつ速く走れるようになってきました。あいさんは、運動会が楽しみになってきました。

①あいさんは、誰と走る練習をしていたでしょうか。
②「腕を大きく振ると速く走れるよ」と言ったのは誰でしょうか。
③あいさんは、なぜ運動会が楽しみになってきたのでしょうか。

今日は、動物たちの運動会です。仲良しの動物たちも、赤組と白組に分かれて全力で運動します。ネコさんは赤組になりました。最初の種目は玉入れです。赤組も白組もみんな一所懸命に玉を投げ入れています。ですが、ネコさんの赤組は負けてしまいました。ネコさんは思わず泣いてしまいました。次の種目はリレーです。ネコさんもリレーに出場します。ネコさんの出番になり、必死に走りましたが、ウサギさんに抜かれてしまいました。ネコさんは、今度は泣かずに最後まで走り抜き、リスさんにバトンを渡しました。リスさんも精一杯走りましたが、白組に追いつくことはできませんでした。ネコさんはとても悔しかったのですが、お母さんが、「最後まであきらめずによくがんばったね」と、ほめてくれたので、ネコさんはうれしくなりました。

④ネコさんが泣いたのはなぜでしょうか。
⑤リレーでネコさんを抜いたのは誰でしょうか。
⑥ネコさんはなぜお母さんにほめられたのでしょうか。

〈時間〉　各10秒

〈解答〉　①お兄さんとおじいさん　②おじいさん　③速く走れるようになってきたから
④玉入れで負けて悔しかったから　⑤ウサギさん
⑥最後まであきらめないでがんばったから

［2019年度出題］

学習のポイント

お話としての内容はわかりやすく、短いですが、２つのお話を合わせて６問中３問が、登場人物の気持ちや感じたことを問うものなので、「記憶」とは違った面での難しさがあります。口頭試問形式なので、選択肢はありません。お子さま自身の言葉で、登場人物がどう感じていたのか、登場人物に対してどう思ったのかを説明しなければなりません。なぜ「楽しみ」なのか、なぜ「泣いた」のか、なぜ「ほめられた」のかを、「○○だから××です」という形で、答える必要があるのです。当校の試験全般に言えることですが、「自分で考える」という点が重視されているので、答えだけではなく、その答えにたどり着いた道筋をしっかりと説明できるようにしてください。「説明すること」も、当校の観点です。

【おすすめ問題集】
　１話５分の読み聞かせお話集①②、お話の記憶 初級編・中級編・上級編

問題14　分野：口頭試問（図形／座標・パズル）

観察　集中

〈準 備〉　問題14-１、14-２の絵を真ん中の点線で切り離しておく。

〈問 題〉　①と同じになるように、切り離したカードをマスに並べてください。終わったら、②も同じように並べてください。

〈時 間〉　各30秒

〈解 答〉　省略

［2019年度出題］

学習のポイント

座標の問題ではありますが、同じ形を書き写すのではなく、パズルのようにバラバラの状態から形を作っていきます。ペーパーテストではなく、実際にカードを並べて解答していくので、紙の上の学習しかしていないと、苦労するかもしれません。また、すべてのカードを使うわけではありませんので、バラバラになったカードの中から、必要なものを選ぶ作業も必要になります。その際には、カードの向きも見本に合わせなければいけません。単純な座標の問題に見えますが、しなければいけないことが多いので、時間が足りなくなってしまうかもしれないでしょう。問題を数多くこなすことで、スピードは上がってきます。まずは確実に正解することを意識してください。見本の形を変えれば類題は簡単に作れるので、お子さまが問題に慣れてきたら、新しい問題に取り組んでみましょう。

【おすすめ問題集】
　Ｊｒ・ウォッチャー２「座標」、３「パズル」

問題15　分野：口頭試問（図形／重ね図形・点図形）

観察　考え

〈準備〉　鉛筆

〈問題〉　左の２枚の形を重ねると、どんな形になるでしょうか。右の四角の中に書いてください。

〈時間〉　１分

〈解答〉　下図参照

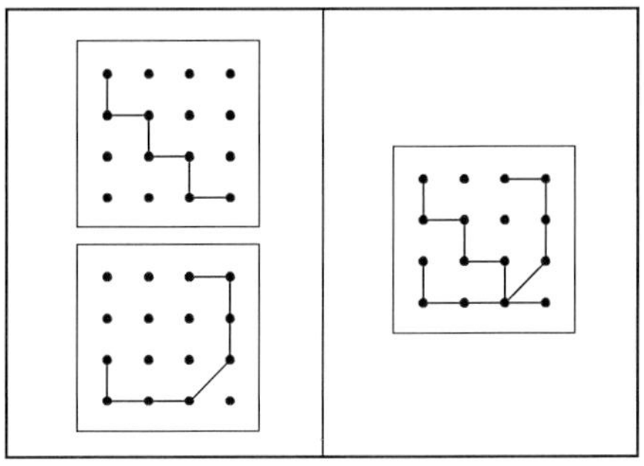

［2019年度出題］

学習のポイント

問題に、「２枚の形を重ねる」とあるので、先に重ねることを考えてしまいがちですが、それぞれを書き写していけば、自然に２枚重ねた形ができ上がります。ここで別々に考えることが終わり、「重ね図形」から「点・線図形」へと切り替わるわけです。お子さまが、もし難しく考えてしまっているようなら、このように、保護者の方が方向性を示してあげてください。ただ、あくまでもヒントをあげるだけで、「ここからは点図形」などと指示をしてしまうと、よくありません。「難しかったら１つずつ書いてみよう」というように、解き方の「気付き」を与えてあげれば、お子さまも自分で考えるはずです。

【おすすめ問題集】

Ｊｒ・ウォッチャー１「点・線図形」、35「重ね図形」

問題16　分野：口頭試問（図形／四方からの観察）

観察　考え

〈準備〉　なし

〈問題〉　９つの部屋に区切られた透明の箱に白と黒の玉が入っています。
①ウサギさんから見た玉はどう見えるでしょうか。下の四角の中から選んで指差してください。
②ゾウさんから見た玉はどう見えるでしょうか。下の四角の中から選んで指をさしてください。
※試験本番では、透明な箱の中に赤と青の玉が入った実物が置かれていた。

〈時間〉　各20秒

〈解答〉　①左端　②右から２番目

［2019年度出題］

学習のポイント

四方からの観察は、観察する立体物を平面で捉えるのが一般的な出題方法です。本問も平面で捉えることに違いはないのですが、観察する立体物が透明な箱なので、奥行きの要素が加わって、より高いレベルの空間認識力が求められます。玉がどの位置にあるかをきちんと把握することがポイントになるので、はじめのうちは１番下、左端、１番手前（ウサギさんから見た○の場合）というように、「縦」「横」「奥行き」のどの位置にあるかを考えるとよいでしょう。慣れてくると、直感的に正解が見えてくるようになるので、解き方を覚えるというよりは、数多くの問題をこなして感覚を磨いていくようにしましょう。

【おすすめ問題集】
Ｊｒ・ウォッチャー10「四方からの観察」、53「四方からの観察　積み木編」

問題17　分野：口頭試問（常識・いろいろな仲間）　知識　話す

〈準 備〉　問題17のカードを１枚ずつ切り離しておく。

〈問 題〉　ここにあるカードを仲間ごとに分けてください。終わったら、どんな仲間なのかを答えてください。

〈時 間〉　２分

〈解答例〉　クマ、カブトムシ、イヌ、スズメ／生きもの
電車、タクシー、自転車、バス／乗りもの
スイカ、おにぎり、ケーキ、クッキー／食べもの
※上記以外のグループ分けでも、保護者の方が納得のいく説明ができれば正解としてください。

［2019年度出題］

学習のポイント

仲間ごとに分ける作業はそれほど難しくはないので、どんな仲間なのかという質問がポイントになります。保護者の方は、仲間に分けることができれば、当然その理由も言えると考えがちですが、そうとは限らないのがお子さまというものです。何となく知っているだけでは、言葉にするのが難しく、「わかってはいるけど言葉になりにくい」という状態になるのです。それに加え、当校の入試は、口頭試問形式なのでお子さまはこれまで経験したことがないほど緊張しています。責めることはできません。ペーパーテストではできる問題でも、口頭試問になるとできなくなってしまうというのは、お子さまにありがちなことです。対策としては、残念ながら「慣れる」しかありません。緊張していても、説明はできる程度に「練習」するのです。

【おすすめ問題集】
Ｊｒ・ウォッチャー11「いろいろな仲間」

問題18　分野：口頭試問（常識・日常生活）

知識　考え　話す

〈準 備〉　なし

〈問 題〉　絵を見て質問に答えてください。
①これらの絵は何時頃だと思いますか。なぜそう思ったのかも答えてください。
②これらの絵の季節はいつだと思いますか。なぜそう思ったのかも答えてください。

〈時 間〉　各１分

〈解答例〉　①朝６時30分頃。男の子が起きる時間だから。
②夏。アサガオが咲いているから。
※上記の答え以外でも、保護者の方から見て納得できる理由があれば正解としてください。

［2019年度出題］

学習のポイント

本問は、お子さまがどう考えたかを観る問題です。極端に言えば、前半部の「何時頃」「季節」の問いは、観点とはあまり関係ないとも言えます。学校は「なぜそう思ったか」という過程を観ているのです。正解はありますが、絶対ではなく、論理的に説明できれば、どんな答えでも正解になる可能性があります。逆に、「何時頃」「季節」が答えられても、「なぜそう思ったか」の部分があやふやだったりすると、高い評価を得るのは難しいでしょう。そこが、ペーパーテストと口頭試問の大きな違いです。口頭試問では、そうした論理的思考に重点が置かれています。学校は、詰め込まれた知識をそのまま答えるのではなく、柔軟に考えて答えを出すことのできる志願者を求めているのです。

【おすすめ問題集】
Ｊｒ・ウォッチャー12「日常生活」、34「季節」

家庭学習のコツ③　効果的な学習方法～問題集を通読する

過去問題集を始めるにあたり、いきなり問題に取り組んではいませんか？　それでは本書を有効活用しているとは言えません。まず、保護者の方が、すべてを一通り読み、当校の傾向、ポイント、問題のアドバイスを頭に入れてください。そうすることにより、保護者の方の指導力がアップします。また、日常生活のさまざまなことから、保護者の方自身が「作問」することができるようになっていきます。

問題19　分野：口頭試問（お話の記憶）

聞く　集中

〈準備〉　なし

〈問題〉　**この問題の絵はありません。**

これからお話をします。よく聞いて、後の質問に答えてください。

10月12日、たかしくんは家族といっしょにキャンプに行きました。その日は朝からよく晴れていました。お父さんが「夜まで晴れていたら、星がたくさん見られるかもしれないよ」と言ったので、たかしくんはわくわくしてきました。朝ごはんを食べて、いよいよ出発です。日差しが強かったので、たかしくんは黄色い帽子を、お父さんは青色の帽子をかぶりました。お母さんは麦わら帽子をかぶりました。キャンプ場まではお父さんが運転する車に乗って行きます。車のトランクには、テントや炭、折りたたんだイスやテーブルが入っています。
しばらくすると、たかしくんたちはキャンプ場に着きました。まずお父さんがテントを張り、それからバーベキューをしました。家から持ってきた肉や、カボチャ、タマネギを焼いて、バーベキューをしました。お母さんが取り分けてくれたお皿の中にはニンジンもありましたが、たかしくんはがんばって食べました。バーベキューの後は河原で遊びました。お父さんが川でさまざまな魚を釣るのを見ているうちに日が暮れて、夜になりました。お父さんの言っていた通り、夜になるとたくさんの星が見えました。たかしくんとお父さんとお母さんは、3人でニコニコ笑いながら星空を見上げました。

①たかしくんたちは何月何日にキャンプに行きましたか。
②お父さんがかぶっていた帽子は何色でしたか。
③バーベキューで食べた野菜は何ですか。

〈時間〉　各10秒

〈解答〉　①10月12日　②青色　③ニンジン、カボチャ、タマネギ

［2018年度出題］

学習のポイント

お話は一般的な内容で、設問も内容を記憶できれば答えられるものです。日頃の読み聞かせを通して、記憶する練習をしておきましょう。ただし、本問は口頭試問形式で行われるので、解答の正誤だけでなく、言葉遣いや態度も観られています。口頭で解答する時は「〇〇です」「△△だと思います」など、ていねいな言葉遣いで話すようにしてください。また、返事をする時は背筋を伸ばし、相手の目を見てハッキリと話すことも大切です。解答の正誤を求めるだけでなく、こうした正しい話し方も身に付けておきましょう。お子さまの言葉遣いや態度が間違っているようであれば、その都度直すようにしてください。同時に、保護者の方のふだんの言葉遣いも振り返り、お子さまのお手本になるような会話を心がけてください。お子さまが話し方を身に付けているかどうかを確かめるには、読み聞かせが終わった後にお話に関わる質問をして、その時の話し方をチェックするのがよいでしょう。

【おすすめ問題集】

1話5分の読み聞かせお話集①②、お話の記憶 初級編・中級編・上級編

問題20　分野：口頭試問（見る記憶）

観察　集中

〈準　備〉　なし

〈問　題〉　これから絵を見せますので、よく見て覚えてください。
（問題20－１の絵を20秒見せた後に裏返し、問題20－２の絵を渡す）
最初に見せた絵と違うところを見つけて、お話してください。

〈時　間〉　20秒

〈解　答〉　カエルがいなくなっている。
木になっているものがリンゴからカキに変わっている。
トリの向きが反対になっている。

［2018年度出題］

学習のポイント

イラストに描かれたものの数は少ないですが、体の向きや果物の数、それぞれの位置なども含めると、覚えるべき物事の数は多いと言えます。それらを30秒で覚えなくてはなりませんので、充分な記憶力と観察力が必要とされます。これらの力は、口頭でテクニックを教えても、すぐには身に付くものではなく、ご家庭で繰り返し学習することで、はじめて力にないます。何があるかを把握するだけでなく、絵の大きさや数の違いなど、細部にも目が向くように練習に取り組んでください。こうした記憶分野の問題は、集中力が大きく影響します。ですから、集中力を損なうようなプレッシャーはかけずに、平常心で問題に取り組めるようにしてください。間違いが続くと苦手意識を持ってしまうので、うまくいかないなら得意分野の学習に切り替えるなど、気分転換をしながら臨みましょう。

【おすすめ問題集】
Ｊｒ・ウォッチャー20「見る・聴く記憶」

〈目黒星美学園小学校〉

◎学習効果を上げるため、前掲の「家庭学習ガイド」及び「合格のためのアドバイス」をお読みになり、各校が実施する入試の出題傾向を、よく把握した上で問題に取り組んでください。
※冒頭の「本書ご使用方法」「本書ご使用にあたっての注意点」も併せてご覧ください。

2020年度の最新問題

問題21　分野：お話の記憶

聞く　集中

〈準備〉　鉛筆

〈問題〉　これからお話をします。よく聞いて、後の質問に答えてください。

「明日は、楽しいイモほり遠足よ」お母さんが、くみちゃんに言いました。うれしいはずの遠足ですが、くみちゃんの頭は、今日幼稚園であったことでいっぱいでした。実は今日、くみちゃんは仲良しのあきちゃんと、積み木の取り合いでケンカになってしまったのです。まだ、仲直りはできていません。「明日、あきちゃんに会うの、いやだなあ」と、くみちゃんは思っていました。ケンカのことをお母さんに話すと、「大丈夫よ。あきちゃんは、気にしていないわよ」　と、お母さんは言いました。次の日の朝、みんなが幼稚園に集まりました。空には少し雲がありますが、　太陽が出ています。くみちゃんのリュックには、ポケットが２つ付いています。花柄の水筒を掛けて、黄色の帽子をかぶって、出発の準備はばっちりです。「おはよう、くみちゃん。今日のイモほり。楽しみね」先生がくみちゃんに声をかけました。「あれ？　元気がないわね。仲良しのあきちゃんがお休みだから、元気がないのかな」「え」くみちゃんは、おどろきました。なんと、あきちゃんは風邪をひいてしまったというのです。みんなでバスに乗って、イモほりをする畑に向かいました。バスの中で、くみちゃんはあきちゃんのことをずっと考えていました。「さあ、イモ畑に着きましたよ」先生が言いました。くみちゃんはバスを降りると、一気に先生のところへかけて行きました。「先生、お願いがあります」と、くみちゃんは言いました。「どうしたの？　くみちゃん」と、先生はたずねました。「あきちゃんの分のイモも、掘っていいですか」　と、くみちゃんは先生に言いました。先生は、笑顔で、「くみちゃん、お願いします」と答えてくれました。「よし、がんばるぞ」はじめにあきちゃんの分のイモを掘りました。長くて大きなイモが１本掘れました。「やったあ。あきちゃんよろこぶかなあ」　くみちゃんはイモを袋に入れました。次に、自分のイモを掘りました。細い小さなイモと、丸い大きなイモが１本掘れました。　先生が、「これもあきちゃんにあげようね」と、小さな丸っこいイモを２個くれました。「あきちゃん、元気になって幼稚園に来てくれるといいな。あきちゃんが来たら、イモを渡そう。そうだ、その時にあきちゃんに強く言ってしまったことをあやまろう」くみちゃんは、こんなことを思っていました。家に着いたくみちゃんは、遠足で疲れていたけれど、明るく元気な声であいさつをしました。

（問題21の絵を見せる）
①「明日は楽しいイモほり遠足よ」と言われた時のくみちゃんはどんな顔をしていましたか。正しいと思うくみちゃんの絵に○をつけましょう。
②くみちゃんのリュックと水筒はどれですか。正しいと思う絵に○をつけましょう。
③あきちゃんの分のイモはどれでしょう。ハートの描いてある□の中からすべて選んで、1つずつに○をつけましょう。
④くみちゃんの分のイモはどれでしょう。星の描いてある□の中からすべて選んで1つずつに○をつけましょう。
⑤「あきちゃんの分のイモもほっていいですか」と聞いた時のくみちゃんは、どんな顔をしていましたか。正しいと思うくみちゃんの絵に○をつけましょう。

〈時　間〉　各10秒

〈解　答〉　下図参照

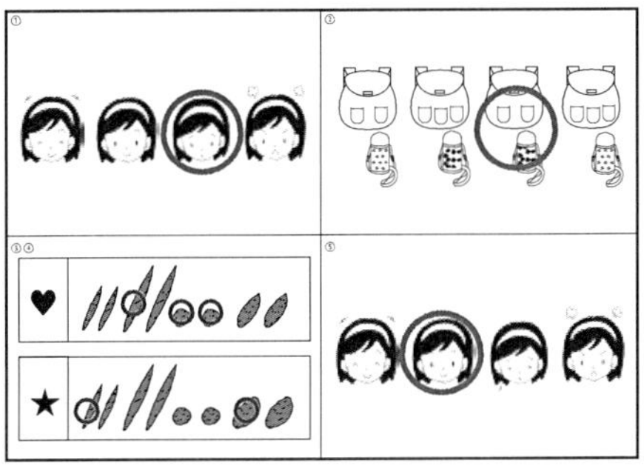

［2020年度出題］

学習のポイント

お話の記憶の問題です。1,000字程度の長目の文章なので、集中してお話を聞く必要があります。くみちゃんの感情を聞く設問が2問あります。解答するには、前後の出来事を聞きながら、登場人物の感情の変化も把握しておかなければなりません。お母さんに「イモほり遠足」の話をされた時点では、くみちゃんの頭の中は、昨日あきちゃんとケンカしてしまったことでいっぱいなので、不安そうな表情をしているのではないか。先生との会話の後に、「よし、がんばるぞ」と言っているので、やる気のある表情をしているのではないか。といったことをイメージしておくわけです。毎日の読み聞かせの時に、登場人物の心境の変化について問いかけをしましょう。「この人は、今どんな気持ち」といったことを問いかけ、いっしょに考えたりすると、お話をさらに深く理解できるはずです。

【おすすめ問題集】
1話5分の読み聞かせお話集①②、お話の記憶 初級編・中級編・上級編

問題22　分野：言語（しりとり・尾音探し）　語彙　知識

〈準　備〉　鉛筆

〈問　題〉　①左上のリスからはじめて、しりとりをします。つながらないものに○をつけましょう。
②四角の中に描かれたものと、最後の音が同じものすべてに○をつけましょう。

〈時　間〉　30秒

〈解　答〉　下図参照

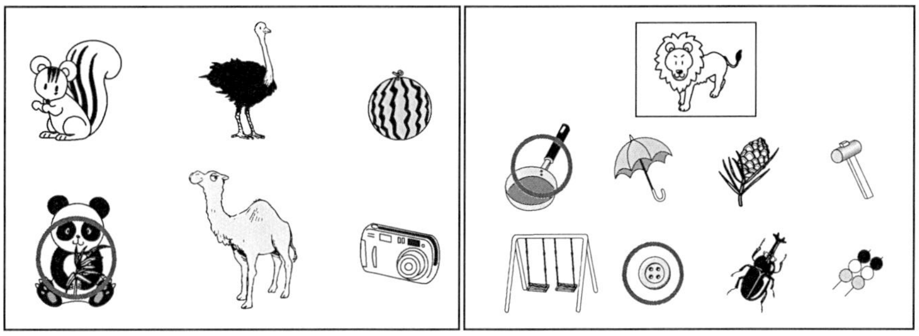

［2020年度出題］

学習のポイント

言葉の音（おん）の問題で、「しりとり」と、言葉の最後の音（尾音）が同じものを探す「尾音探し」が出題されています。大人は文字を使って書き出してから、その音について考えることができますが、小学校受験では、文字を理解できることを前提にはしていないので、そのようなことはできません。言葉を学習する時は実際に発音して、１つひとつの音を確認しながら進めてください。１音ずつ手を叩いて「リ・ス」「フ・ラ・イ・パ・ン」のように区切ってみると、音の区切りがわかりやすいでしょう。「ン」（撥音）や小さい「ッ」（促音）は１音として数え、小さい「ャ」「ュ」「ョ」（拗音）は前の音と合わせて１音として数えます。

【おすすめ問題集】
Ｊｒ・ウォッチャー18「いろいろな言葉」、49「しりとり」、
60「言葉の音（おん）」

家庭学習のコツ④　効果的な学習方法～お子さまの今の実力を知る

１年分の問題を解き終えた後、「家庭学習ガイド」に掲載されているレーダーチャートを参考に、目標への到達度をはかってみましょう。また、あわせてお子さまの得意・不得意の見きわめも行ってください。苦手な分野の対策にあたっては、お子さまに無理をさせず、理解度に合わせて学習するとよいでしょう。

問題23　分野：推理（系列）

観察　考え

〈準　備〉　鉛筆

〈問　題〉　矢印がお約束にしたがって並んでいます。星とハートの四角に当てはまる矢印を、それぞれ下の四角から選んで○をつけましょう。

〈時　間〉　１分

〈解　答〉　下図参照

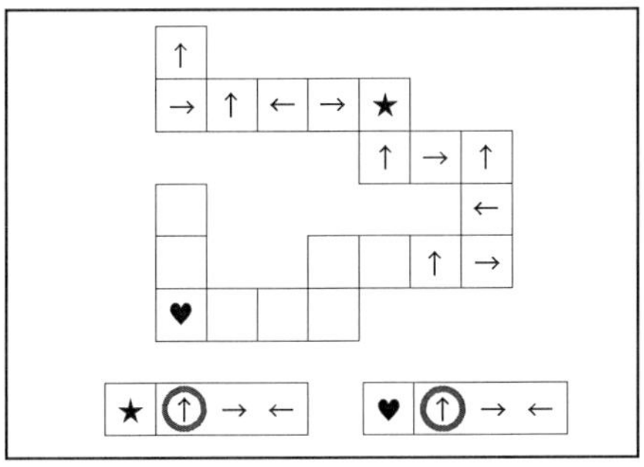

［2020年度出題］

学習のポイント

系列の問題です。系列の問題では、一定のパターンで繰り返される「お約束」を見つけなければなりません。本問の場合、並んでいる記号が３種類しかなく、１つの「お約束」の中に同じ記号が複数回出てくるため、見つけづらくなっています。「お約束」を探すには、１つの記号に注目し、次に同じ記号が出てくる場所を探して、「お約束」が何個の記号でできているのかを考えます。目で追うだけでは探しづらい場合には、記号の１つを左手の人差し指で、次に出てくる同じ記号を右手の人差し指で指し示します。その後、両手の人差し指を１つずつ右に動かしながら見ていくと、同じ並びになっているかどうかがわかります。本問では、左上の「↑」から「↑・→・↑・←・→・↑」と続く６個の記号が１セットになって繰り返されますから、１つの「お約束」の中に「↑」が３回出てくることになります。混乱するようであれば、全体を見て、出てくる回数が少なそうなもの（本問では「←」）からはじめてみてください。長くなりましたが、以上のような方法が「ハウツーを使った解き方」になります。答えるだけであれば便利な方法ですが、将来の学習につながるものではないので、なるべく使わないようにしてください。

【おすすめ問題集】

Ｊｒ・ウォッチャー６「系列」

問題24　分野：常識（理科）

知識　観察

〈準 備〉　鉛筆

〈問 題〉　四角の中のコップを見てください。このコップの中に入っている石をとると、コップの水はどうなりますか。下の絵から選んで、○をつけましょう。

〈時 間〉　10秒

〈解 答〉　下図参照

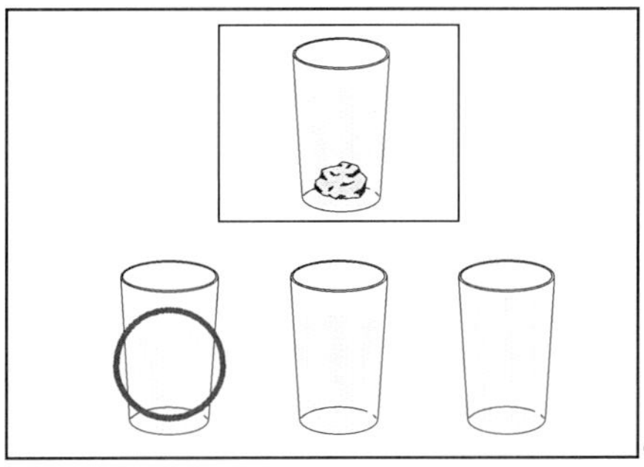

［2020年度出題］

学習のポイント

コップに入っている水に物体を入れるとコップの水の水位が上がる、ということを理解していないお子さまはいないでしょう。注意するとすれば、あらかじめコップに入っている石を取り除くので、選択肢に描かれているコップの水の水位は、石が入っていた時より下がっていることでしょうか。本問で学校側が観ようとしているのは、こうした気付きができるかということでしょう。日常での発見は、保護者の方が日頃の学習で実物を使って学習させたり、日常生活で教えたりしてこそ身に付くものです。ペーパー学習だけでなく、お風呂に入っている時やジュースに氷を入れる時など、水量の変化を観察する機会は生活の中に数多くあるはずです。さまざまな機会を利用してお子さまに見せ、その変化を教えていくとよいでしょう。

【おすすめ問題集】

Ｊｒ・ウォッチャー27「理科」、55「理科②」

問題25　分野：常識（いろいろな仲間）　知識

〈準 備〉　鉛筆

〈問 題〉　上の絵と同じ仲間のものを選んで線で結びましょう。

〈時 間〉　15秒

〈解 答〉　下図参照

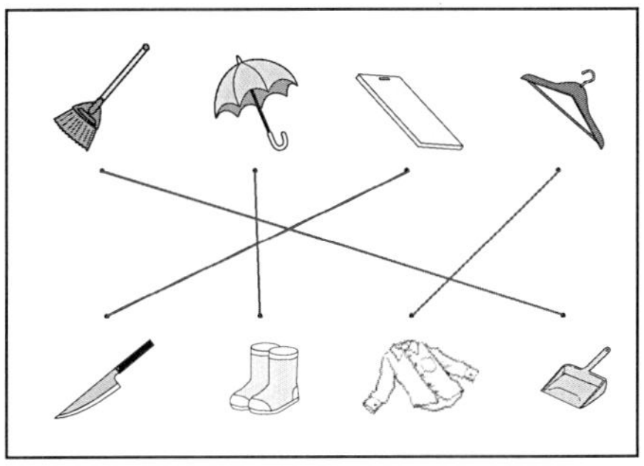

［2020年度出題］

学習のポイント

日常生活で用いられる道具を、使う場面ごとにグループ分けする問題です。それぞれの道具の使い方はもちろんですが、同じ場面で用いられるものをセットとして覚えていると答えやすくなります。本問に出てくるのは、ほうきとちりとり、傘と長靴、まな板と包丁、ハンガーとシャツなどの、身近なものです。掃除や料理のお手伝いをしていれば、スムーズに答えられるでしょう。細かく見れば「まな板と包丁」、「ハンガーとシャツ」の関係性は違ったりしますが、小学校受験では、そこまで考える必要はありません。机上の勉強だけでなく、生活から何を学んでいるか、ということも重視されます。保護者の方はふだんの生活のさまざまな場面にお子さまを参加させるよう、心がけてください。

【おすすめ問題集】

Ｊｒ・ウォッチャー11「いろいろな仲間」、12「日常生活」

問題26　分野：図形（四方からの観察）

知識

〈準　備〉　鉛筆

〈問　題〉　前から見ると三角、下から見ると○に見える形はどれでしょう。下から選んで○をつけましょう。

〈時　間〉　15秒

〈解　答〉　下図参照

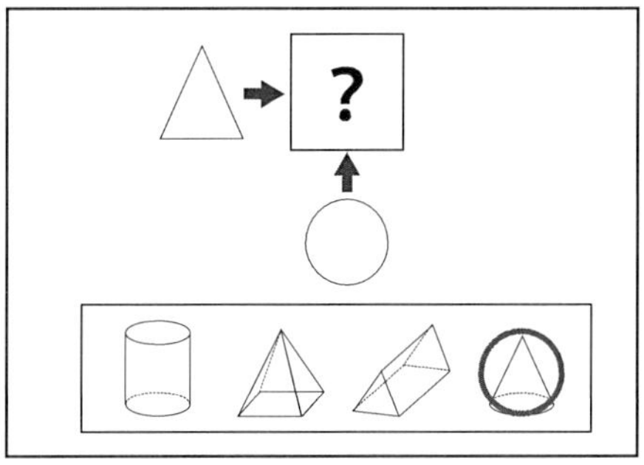

［2020年度出題］

学習のポイント

四方からの観察の問題です。本問では、一般的な四方からの観察とは異なり、２方向から見た平面図をもとに、元になる立体をイメージします。就学前の幼児は、絵にも「奥行き」を描くことは少なく、平面的に描くことが多いことからもわかるように、立体の感覚が完全に身に付いていないことが多くあります。平面図形から空間図形を考えさせる本問のような設問は難しいでしょう。空間図形の感覚を養うには、具体物を手にしたり観察したりして、頭だけでなく、目や手を使って体感することが必須です。さまざまな形の立体を、角度を変えて観察することはもちろん、さまざまな方向から見た絵を描かせてみるなどして、平面図形と空間図形との関係を教えてみてください。

【おすすめ問題集】

Ｊｒ・ウォッチャー10「四方からの観察」、53「四方からの観察　積み木編」

問題27　分野：図形（座標の移動）　考え

〈準備〉　鉛筆

〈問題〉　これから先生が星がどのように進むかをお話しします。手はひざの上に置いたまま、先生のお話を聞きましょう。
はじめに、上に３マス進みます。
次に、右に２マス進みます。次に、下に２マス進みます。次に、左に４マス進みます。それから、上に３マス進み、下に２マス進みます。
今、星がある場所に○をつけましょう。

〈時間〉　１分

〈解答〉　下図参照

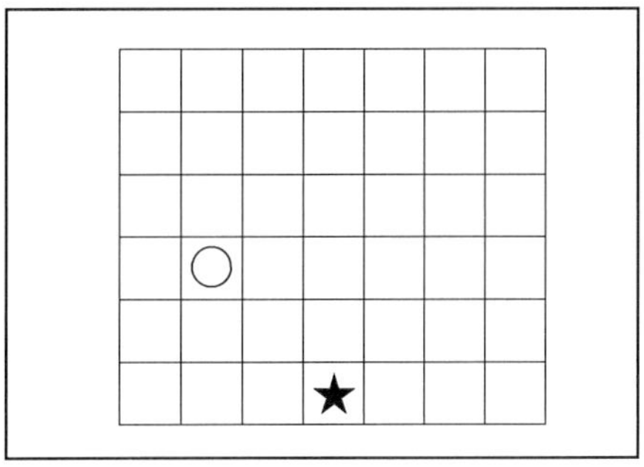

［2020年度出題］

学習のポイント

座標の移動の問題です。座標の移動とは、まず記号やマークなどの位置が定まっていて、そこから「右に１つ、上に３つ」というように、条件を変えることで、記号やマークがはじめの位置から移動するプロセスを頭の中で追っていく問題のことです。本問では、移動のステップが６つあることに加え、「手はひざの上に置いたまま」と規定されているので、指でなぞって解答することができません。試験本番では、指示をしっかり聞きつつ、マスの上を目で追いながら答えることになります。もちろん家庭での学習時には、マスの上におはじきなどを置いたり、各ステップでの移動を書き出したりしても構いませんが、入試までには、そういったことをしなくても解答できるようにしてください。すぐにというのが無理なら、１マスずつ数えないで考える、１つのステップは手を動かさずに考えるなど、段階的に学習してください。

【おすすめ問題集】
Ｊｒ・ウォッチャー47「座標の移動」

問題28　分野：数量（数を分ける）

考え　集中

〈準備〉　鉛筆

〈問題〉　①（28-1の絵を見てください）おやつがたくさん描いてあります。3人にアメ、ケーキ、アイスを、同じ数ずつ分けてあげると、何個あまりますか。アメ、ケーキ、アイスそれぞれについて、あまるおやつの数だけ、四角の中に○を書きましょう。
②（28-2の絵を見てください）お友だちからリンゴを5個もらったので、妹に3個あげたら、お母さんがリンゴを4個くれました。そこで、今度は弟に2個あげました。今あるリンゴの数は、何個でしょう。その数だけ四角の中に○を書きましょう。

〈時間〉　各30秒

〈解答〉　下図参照

［2020年度出題］

学習のポイント

数を分けてあまりの出る問題と、たし算・ひき算の問題です。①のような、あまりの出る問題を学習する際には、絵の上に3種類のおはじきをケーキ、アメ、アイスに置きかえて置いた後、3人に1つずつ「山分け」するように分けながら取り除き、余った数を数えるようにすると、わかりやすいでしょう。理解できたら、頭の中で数えたり分けたりできるようにします。②のような数の増減の問題でも、最終的には数をイメージできるようにします。数を使って計算するのではなく、頭の中で数（本問の場合はリンゴの個数）を増やしたり減らしたりするのです。最初はおはじきなどを使っても構いません。それぞれのやりとりで数がどうなるのか、という数の増減をしっかり捉えさせてください。

【おすすめ問題集】

Ｊｒ・ウォッチャー37「選んで数える」、40「数を分ける」

問題29　分野：図形（パズル）

考え　集中

〈準備〉　パズル

〈問題〉　①用意されたブロックを並べて、画用紙に描かれているのと同じ形を作ってください。この問題では、すべてのブロックを使います。
②用意されたブロックを並べて、画用紙に描かれているのと同じ形を作ってください。この問題では、使わないブロックもあります。

〈時間〉　各１分

〈解答〉　省略

［2020年度出題］

学習のポイント

ブロックを組み合わせてお手本と同じ形をつくる、パズルの問題です。このようなパズルの問題がスムーズに解けるかどうかは、具体物を使って演習した回数に比例する、と言っても過言ではありません。レゴ®ブロックなどの組み立てブロックを用いて、さまざまなを作ってみる遊びから学ぶことも多くあります。また日用品を並べてさまざまな形を作ることが好きなお子さまも多いですが、これも貴重な学習機会になります。図形の辺の長さを揃えたり、角度を合わせたりといった試行錯誤を繰り返す様子を見守ってあげてください。そしてお子さまが「できた」「わかった」という実感を得たときにはいっしょに喜んで、お子さまの学習意欲を向上させてください。

【おすすめ問題集】
Ｊｒ・ウォッチャー３「パズル」

2019年度以前の過去問題

問題30　分野：お話の記憶

聞く　集中

〈準備〉　鉛筆

〈問題〉　これからお話をします。よく聞いて、後の質問に答えてください。

ひろくんは幼稚園にある、飛行機の乗り物が大好きです。その飛行機に乗ると、パイロットになってどこにでも行けるような気分になれるのです。でも、ひろくんはまだその飛行機に乗ったことがありません。大人気なので、いつも順番を待つ子どもたちが並んでいます。列の５番目までに並ばないと、遊びの時間が終わってしまって飛行機に乗ることはできません。しかも、体の大きなかずくんが独り占めしてしまったりするので、なかなか順番が回ってこないのです。ひろくんは、今日こそはと思って、遊びの時間になったらすぐに、飛行機の乗りものに向かいました。１番乗りを目指したのですが、もう列ができていて、順番は６番目でした。「今日も乗れないのかな」と思っていると、１つ前に並んでいたしゅんくんが、「ひろくんは飛行機でどこに行きたいの」と話しかけてきました。ひろくんは、「ぼく、まだ乗ったことがないんだ」と答えると、しゅんくんは驚いて、「今日は絶対に乗りなよ」と言って、順番を交代してくれました。これでひろくんの順番は、５番目になりました。話をしている間にも、しゅんくんの後ろには２人並んでいます。今日は、かずくんが見当たりません。今日こそは飛行機に乗れるかもしれないと思うと、ひろくんはドキドキしてきました。１番目に並んでいた、眼鏡をかけたあきらくんが飛行機に乗っています。行き先は富士山です。頂上をぐるっと回って帰ってきました。２番目はリボンをつけたみきちゃん。行き先はおもちゃ屋さんです。いろいろなおもちゃ屋さんを回って、おもちゃをいっぱい買って帰ってきました。その様子を見ていたひろくんは、早く順番が回ってこないかとワクワクしながら待っています。３番目のさきちゃんは南の島に、４番目のるみちゃんは動物園に行きました。次は、ひろくんの順番です。飛行機に乗ろうとしたその時、大きな体の子が目の前に入ってきました。いつも飛行機を独り占めするかずくんです。「次はぼくの番だ」と言って、列の前に割り込んできたのです。かずくんは、ひろくんをにらみつけると無理矢理乗り込もうとしています。ひろくんは、「次はぼくの順番だ」と言おうとしたのですが、声を出すことができませんでした。「やっと乗れると思ったのに……」、ひろくんの目には涙があふれています。その時、後ろで見ていたしゅんくんが、「かずくん！　次はひろくんの順番だよ」と大きな声で言いました。とても大きな声だったので、遊んでいるみんなが、かずくんを見ました。何か言いたそうなかずくんでしたが、あきらめて列を離れていきました。ひろくんがぼんやり立ったままでいると、しゅんくんは、「ひろくん、早く乗りなよ」と声をかけ、やさしく背中を押してくれました。ひろくんは、はじめて飛行機の乗り物に乗ることができました。幼稚園の庭が下に広がって見えます。このままどこまでも飛んでいけそうな気分です。しゅんくんに大きく手を振って、「出発進行！」と元気よく飛び立っていきました。

（問題30の絵を見せる）

①ひろくんがしゅんくんと順番を交代した後、ひろくんの前には何人並んでいたでしょうか。その数の分だけ四角に中に○を書いてください。

②かずくんが来る前に、飛行機の乗り物に並んでいた子どもは、全部で何人でしょうか。その数の分だけ四角に中に○を書いてください。

③飛行機に１番目に乗ったあきらくんと２番目に乗ったみきちゃんの行き先はどこでしょうか。正しいもの下から選んで、線でつなげてください。

④かずくんが来て、飛行機の乗り物に乗れなくなりそうになった時、ひろくんはどんな顔をしていたでしょうか。選んで○をつけてください。

⑤飛行機の乗り物に乗った時、ひろくんはどんな顔をしていたでしょうか。選んで○をつけてください。

〈時 間〉　各10秒

〈解 答〉　下図参照

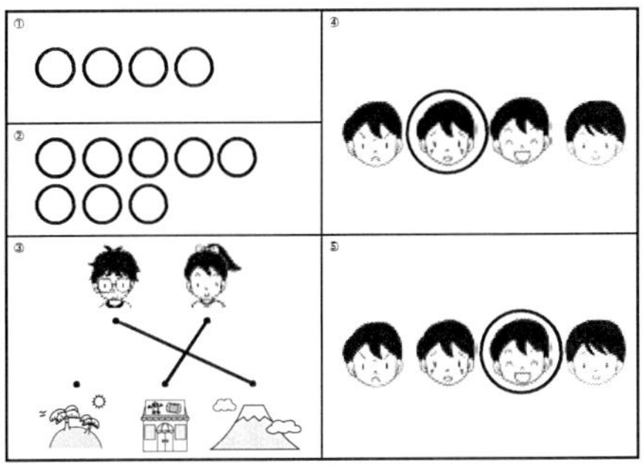

［2019年度出題］

学習のポイント

読む時間が約５分という長めのお話のため、最後まで集中して聞くだけでも大変です。場面の展開がないので、話の流れはつかみやすいのですが、登場人物が多い（６名）ので、名前を覚えるだけでも一苦労しそうです。お話にも書かれているように、「体の大きな〇〇くん」「眼鏡をかけている〇〇くん」という形で、頭の中に登場人物をイメージしてお話を聞いていきましょう。もし、登場人物が動物だったら、イメージを簡単につかめるのですが、登場人物が人の場合は、そこが難しい作業になります。問題も、単純に誰が何をしたというものは③のみで、①②は数量、④⑤は登場人物の気持ちを問うものです。特に①②は、お話をしっかり聞いていないと解くことが難しい問題です。お子さまが、本問が難しいと感じているようなら、下記のおすすめ問題集を参考にしながら、簡単な問題から徐々にステップアップしていくようにましょう。

【おすすめ問題集】

　１話５分の読み聞かせお話集①②、お話の記憶 初級編・中級編

　Ｊｒ・ウォッチャー19「お話の記憶」

問題31　分野：言語（同中音）　語彙 知識

〈準 備〉　鉛筆

〈問 題〉　真ん中の音が、左の四角の絵と同じものはどれでしょうか。右の四角の中から選んで〇をつけてください。続けて②も同じように選んで〇をつけてください。

〈時 間〉　30秒

〈解 答〉　①右から２番目（パンダ）　②左から２番目（たいこ）

［2019年度出題］

学習のポイント

まずは、言葉が音の組み合わせで成り立っていることを理解しましょう。リンゴは「り」「ん」「ご」という３つの音でできています。言語分野では、頭音（言葉のはじめの音）や尾音（言葉の最後の音）が同じものを見つける問題などがよく見られます。本問は、言葉の真ん中の音（中音）が同じものを見つける問題です。何を問われているかを理解できれば、それほど難しい問題ではありません。①では、リンゴの「ん」が真ん中に入っている絵を、右の四角の中から見つければよいということです。問題を解くだけでなく、ほかに真ん中に「ん」が入る言葉を考えつくかどうか、お子さまに質問したり、いっしょに探してみたりしましょう。選択肢から選ぶのと、自分で考えて答えを出すのとでは、難しさが大きく違ってくるので、より深い学習になります。

【おすすめ問題集】
Ｊｒ・ウォッチャー17「言葉の音遊び」、60「言葉の音（おん）」

問題32　分野：常識（数え方）

知識　語彙

〈準備〉　鉛筆

〈問題〉　上の絵と同じ数え方をするものはどれでしょうか。正しいもの下から選んで、線でつなげてください。

〈時間〉　１分

〈解答〉　下図参照

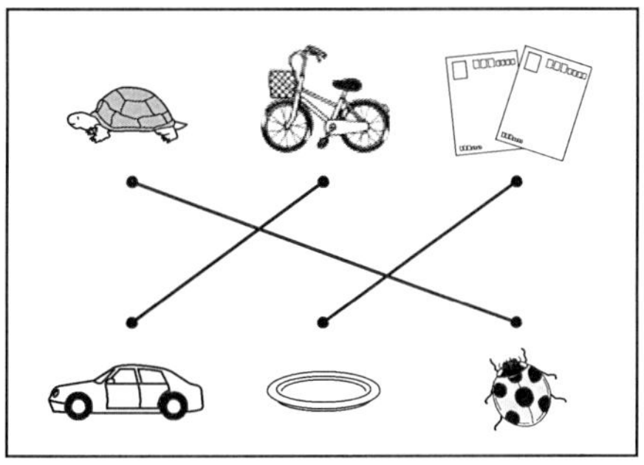

［2019年度出題］

学習のポイント

ものの数え方について問われています。お子さまは、どんなものでも「１つ」や「１個」と数えてはいませんか。知らなければ解けない問題なので、ふだんの生活の中で学習していくようにしましょう。まずは保護者の方が、お皿１枚、お花１本など、正しい数え方を意識して使っていくようにしてください。問題集などで確かめることも大切ですが、言語や常識の分野は、まず日常の暮らしの中での学んでいくことです。かしこまって勉強しなくても身に付けられるものなので、毎日の積み重ねで少しずつ知識を増やしていきましょう。

【おすすめ問題集】
Ｊｒ・ウォッチャー18「いろいろな言葉」

問題33　分野：推理（系列）

観察　考え

〈準備〉　鉛筆

〈問題〉　あるお約束にしたがって、くだものが並んでいます。▲と★の四角に入る果物はどれでしょうか。下の四角の中から選んで○をつけてください。

〈時間〉　１分

〈解答〉　①左端（イチゴ）　②右端（ブドウ）

［2019年度出題］

学習のポイント

系列の問題では、繰り返しの規則を見つけることがポイントです。▲から見ていくと、「バナナ・▲・サクランボ」という流れがあります。そこで「バナナ・（？）・サクランボ」という流れを探すと、右下に「バナナ・イチゴ・サクランボ」が見つかります。確認のために前後をみても、前にイチゴ、後ろにブドウという同じ流れなので、▲はイチゴだということがわかります。▲が決まれば、右下からの流れの「イチゴ・サクランボ・ブドウ・ブドウ」の通り、★にブドウが入ることがわかるでしょう。本問では、前半に空欄があるので、後ろから確認していくのも１つの方法です。系列問題は、人によって考え方や解き方に違いがあります。これが絶対に正しい、という方法はありませんので、お子さまが、アドバイスや解説などと違った方法で解いていても無理に直す必要はありません。保護者の方から見て、きちんと方法が確立されているようなら、お子さまの解きやすい方法で問題ありません。

【おすすめ問題集】

Ｊｒ・ウォッチャー６「系列」

問題34　分野：常識（マナー）

公衆　知識

〈準備〉　鉛筆

〈問題〉　この絵の中でいけないことをしている子が３人います。選んで×をつけてください。

〈時間〉　１分

〈解答〉　下図参照

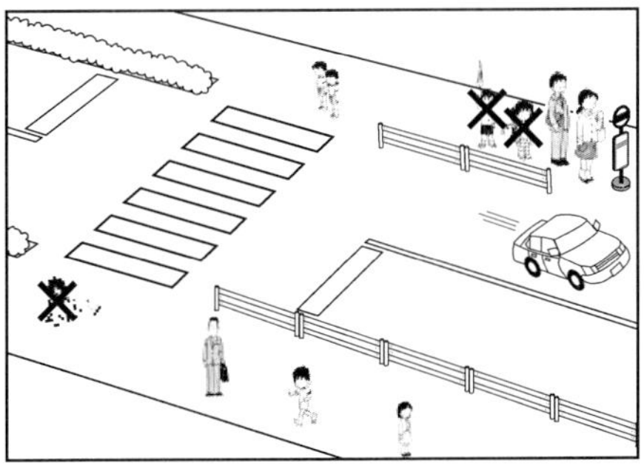

［2019年度出題］

学習のポイント

こうしたマナーは、体験を通じて身に付けてほしい知識です。入試問題として出題されてはいますが、本来は、すでに家庭で身に付けているはずの「躾」です。こうした問題が出るということは、躾ができていないお子さまが多い、ということでもありますから、ふだんの生活を振り返る機会にしてください。年齢なりの経験を積んで、物事の良し悪しを学んでいけるようにしましょう。こうした問題に限らず、小学校受験では、生活での経験や体験を学習に活かすことができるかどうかを重視しています。生活と学習が、互いに関係していることを意識してください。なお、つける記号は○ではなく×です。最後まで問題を聞いていないと、ケアレスミスをしがちなので注意してください。

【おすすめ問題集】
Ｊｒ・ウォッチャー56「マナーとルール」

問題35　分野：常識（いろいろな仲間）　知識

〈準備〉　鉛筆

〈問題〉　横に並んでいる絵は、同じ仲間に入ります。縦に並んでいる絵も同じ仲間に入ります。真ん中の四角に入るものを、下の四角から選んで○をつけてください。

〈時間〉　30秒

〈解答〉　左から２番目（スイカ）

［2019年度出題］

学習のポイント

２つの仲間の両方に属するものを見つける問題です。縦の列は、くだものの仲間です。また横の列は、夏の仲間です。両方の仲間に属するものとして、夏の果物を選べば正解なので、答えはスイカです。本問は、さほど難しくはありませんが、より複雑な仲間分けや組み合わせになることもありえます。複雑な問題は、要素を分割して、できるだけシンプルにして考えてください。手間がかかるようですが、間違いをなくすためにも、１つひとつ確実に解くことをおすすめします。

【おすすめ問題集】
Ｊｒ・ウォッチャー11「いろいろな仲間」、27「理科」、34「季節」、
55「理科②」

問題36　分野：図形（座標の移動）　考え

〈準備〉　鉛筆

〈問題〉　ウサギは１回に２マス進みます。カメは１回で１マス進みます。２匹がいっしょに矢印の方向に進むと、どのマスでウサギはカメに追いつくでしょうか。そのマスに○を書いてください。

〈時間〉　40秒

〈解答〉　下図参照

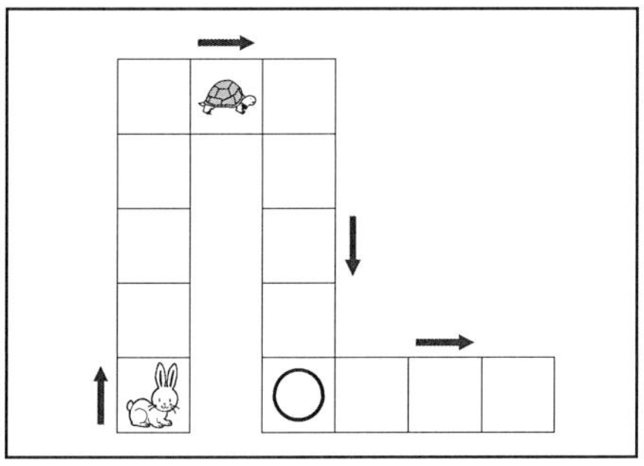

［2019年度出題］

学習のポイント

１回ずつ数えれば正解できる問題ですが、以下の方法で考えることもできます。１回にウサギが２マス、カメが１マス進むということは、１回につき１マスずつ差が縮まるということです。ですから、最初にウサギとカメが何マス離れているかを数えれば、その数と同じ回数で追いつくかがわかります。本問では、最初にウサギとカメが５マス離れているので、５回で追いつくことになります。そこで、カメの位置から５マス進んだマスが、ウサギがカメに追いつく地点になります。ただし、上記の考え方は、もしお子さまに余裕があるようでしたらアドバイスする程度で構いません。

【おすすめ問題集】

Ｊｒ・ウォッチャー47「座標の移動」

問題37　分野：図形（図形の構成・パズル）

観察　考え

〈準備〉　鉛筆

〈問題〉　２つの形を合わせると、四角になるものがあります。それぞれ線でつないでください。向きを変えたり、裏返したりしてもかまいません。

〈時間〉　30秒

〈解答〉　下図参照

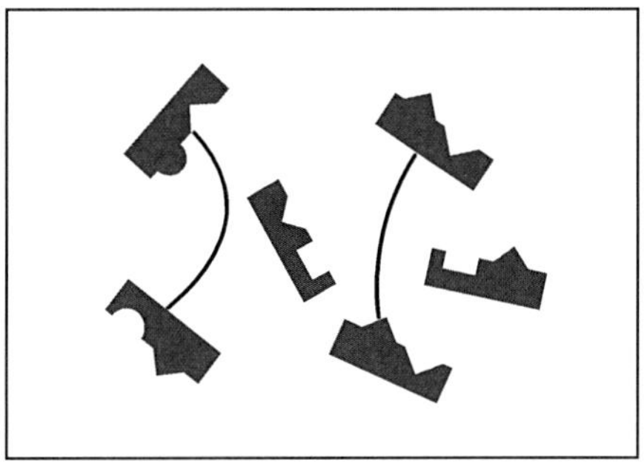

［2019年度出題］

学習のポイント

図形問題は、最終的には目で問題を解くレベルまで持っていくことが理想です。「目で解く」とはどういうことかというと、頭の中で考えるのではなく、パッと見ただけで、同じ図形の形や本問のような２つの形をくっつけると四角形になる、というような問題が解ける「図形感覚」や「図形センス」です。こうした力は、実際に図形を操作することで磨かれていきます。回転させたり、裏返してみたりすることで、１つの図形がさまざまな見え方をする、ということが理解できるようになるのです。その積み重ねがセンスにつながっていきます。図形分野は、問題集だけではなく、実際に手を動かし、目でとらえながら、感覚を養っていきましょう。

【おすすめ問題集】
Ｊｒ・ウォッチャー54「図形の構成」

問題38　分野：数量（たし算・ひき算）

考え　集中

〈準備〉　鉛筆

〈問題〉　５人の子どもがなわとびをしています。途中で３人が来て、いっしょに遊びました。その後、４人が帰って２人が来ると、なわとびをしている子どもは何人になるでしょうか。下の四角の中にその分の数だけ○を書いてください。

〈時間〉　20秒

〈解答〉　○：６

［2019年度出題］

学習のポイント

はじめのうちは、指を使って数えると思いますが、慣れてきたら頭の中で数えられるようにしていきましょう。そのためには、おはじきなどを使って、数を目で見ることから始めてください。最初に５個あるおはじきが、３個増えて、４個減って、２個増えて、というように目でとらえることで、数の増減をイメージできます。慣れてくると頭の中でおはじきを動かせるようになり、結果もイメージできるようになります。一見、遠回りに思えるかもしれませんが、理解を深めるために必要な手順です。まずは学習もしっかりとした基礎から始めるべき、ということです。

【おすすめ問題集】
Ｊｒ・ウォッチャー38「たし算・ひき算１」、39「たし算・ひき算２」

問題39　分野：数量（たし算・ひき算、数を分ける）

考え　集中

〈準備〉　鉛筆

〈問題〉　①水槽にキンギョとメダカが泳いでいます。この中からキンギョを５匹、メダカを６匹、友だちにあげました。水槽には、キンギョとメダカは何匹いるでしょうか。それぞれの絵の右の四角に、その数の分だけ○を書いてください。
②今、水槽にいるキンギョとメダカを、４つの水槽に同じ数ずつ分けました。１つの水槽にキンギョとメダカは何匹ずついるでしょうか。それぞれの絵の右の四角に、その数の分だけ○を書いてください。

〈時間〉　①40秒　②20秒

〈解答〉　下図参照

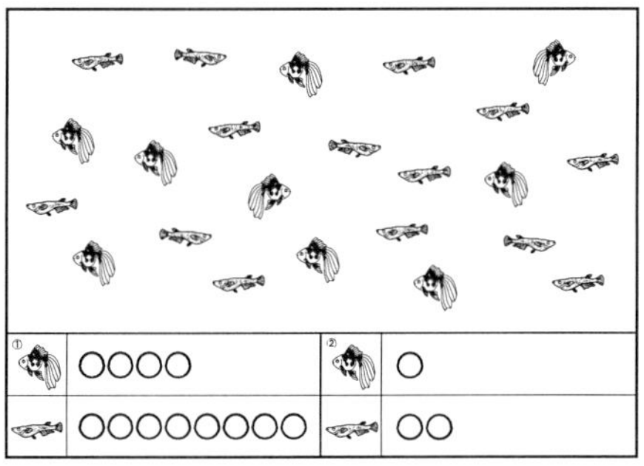

［2019年度出題］

学習のポイント

数量の問題ですが、ランダムに描かれている絵の中からキンギョやメダカを選んで数え、ひき算をするという２つのステップがあるので、難しく感じるお子さまもいるかもしれません。また、キンギョとメダカそれぞれを別個に考えなければいけないので、記憶することも多くなります。しかも、①の答えをもとに②の答えを出さなければなけないので、①を間違えると②も間違えてしまいます。基本的なことですが、「問題をよく聞く」「しっかり数える」という２点に気を付け、混乱しないよう注意して解くようにしてください。

【おすすめ問題集】
Ｊｒ・ウォッチャー37「選んで数える」、38「たし算・ひき算１」、
39「たし算・ひき算２」、40「数を分ける」

問題40　分野：制作（絵画）

創造　話す

〈準 備〉　クレヨン、画用紙

〈問 題〉　**この問題の絵はありません。**
自分が大切にしているものを描いてください。
※絵を描いている間に、「なぜ大切にしているの」「誰にもらったの」といった質問がされます。

〈時 間〉　適宜

〈解 答〉　省略

［2019年度出題］

学習のポイント

本問のような制作課題に正解はありません。また、何をどう描けば評価が高い、ということもありません。制作分野の問題ですが、実際には口頭試問の問題として捉えた方がよいでしょう。絵を描いている最中に、「なぜ大切にしているの」「誰からもらったの」などの質問をされることからも、本問で主に評価されるのは、絵ではなく、お子さまとの会話であり、お子さまと深いコミュニケーションがとれているかどうかです。上手に描けることに越したことはありませんが、絵が苦手だからといってマイナスになることもないでしょう。

【おすすめ問題集】

Ｊｒ・ウォッチャー22「想像画」、24「絵画」
新口頭試問・個別テスト問題集

問題2－1

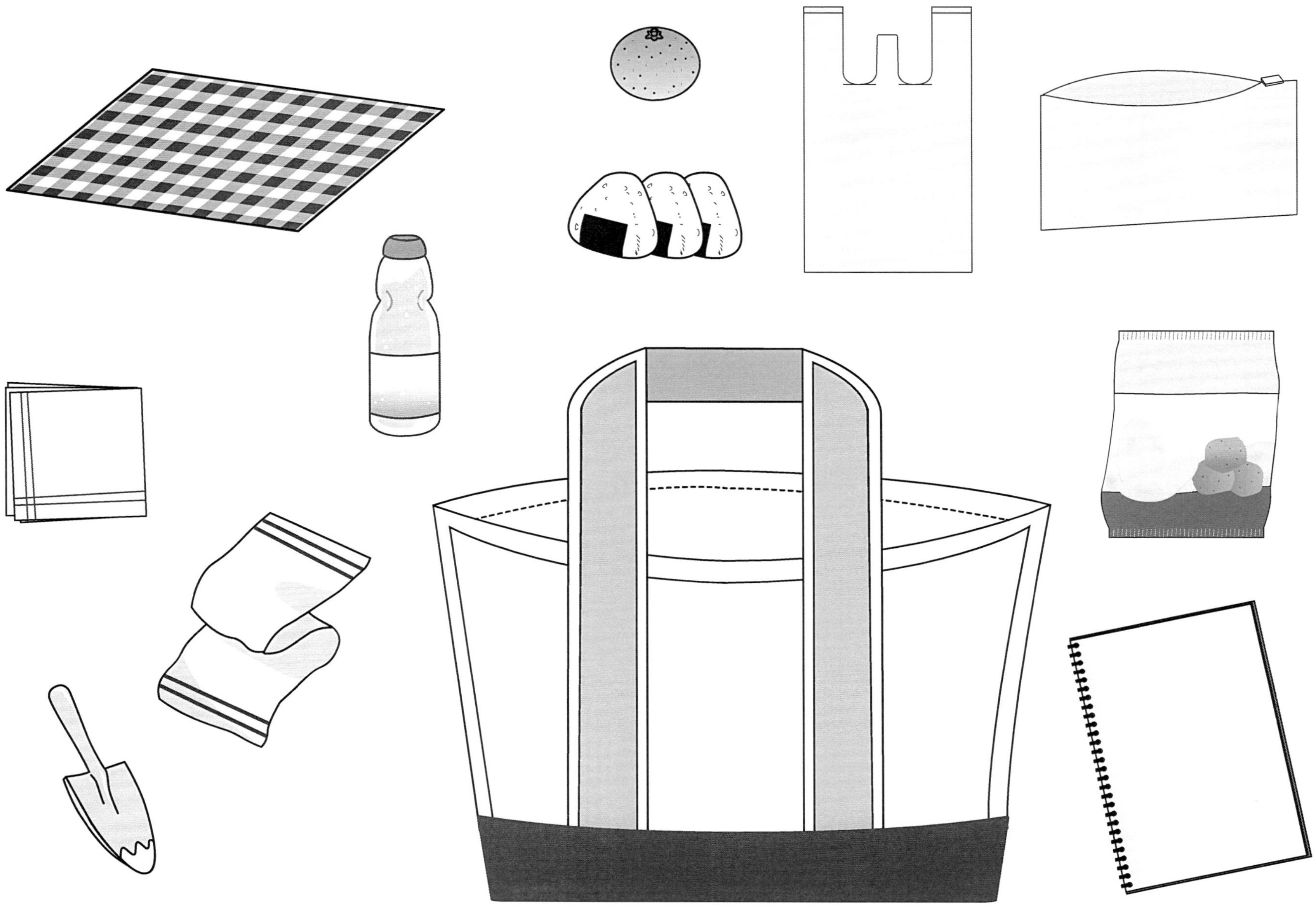

日本学習図書株式会社

問題２－２

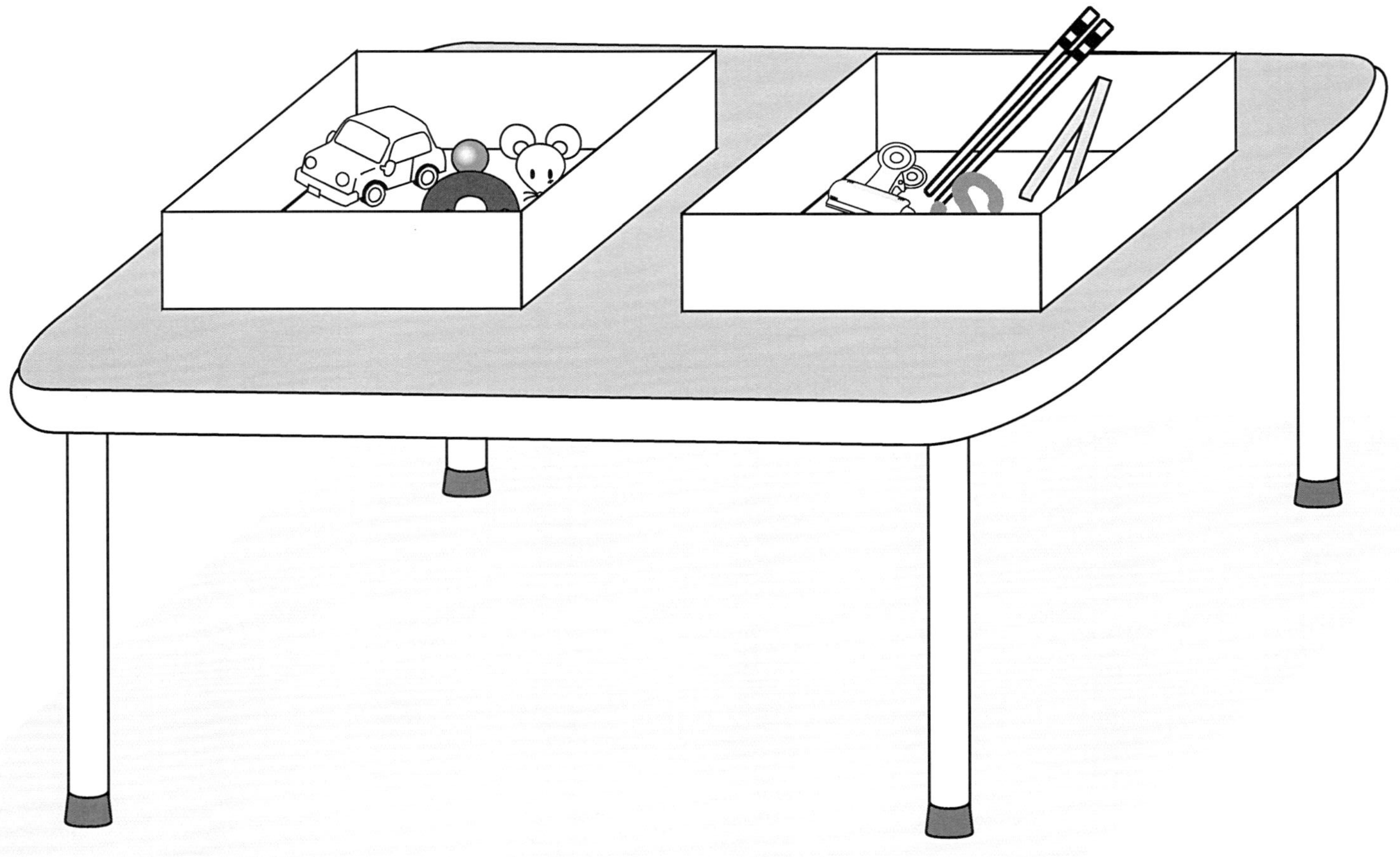

　

問題 3

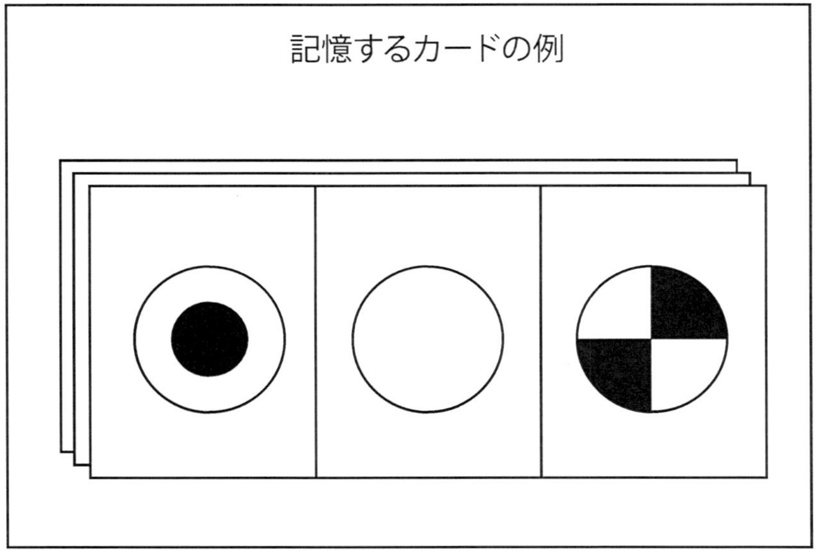

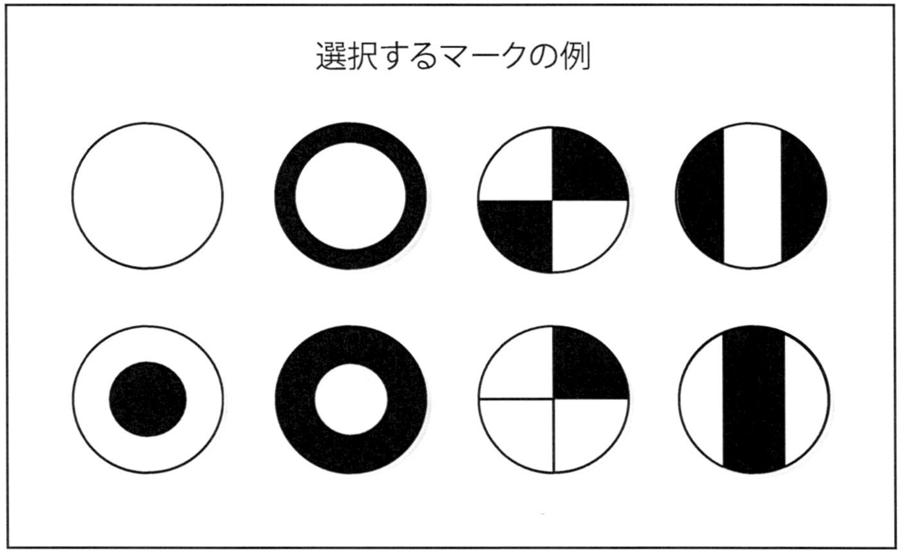

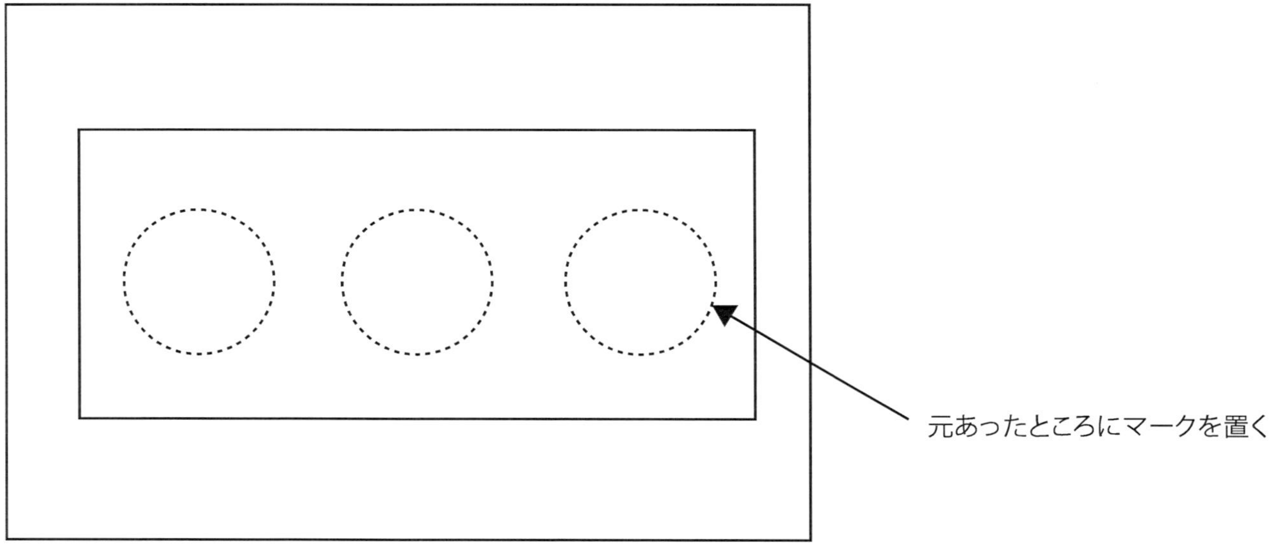

問題5

2021年度　青山・目黒星美　過去　無断複製／転載を禁ずる　日本学習図書株式会社

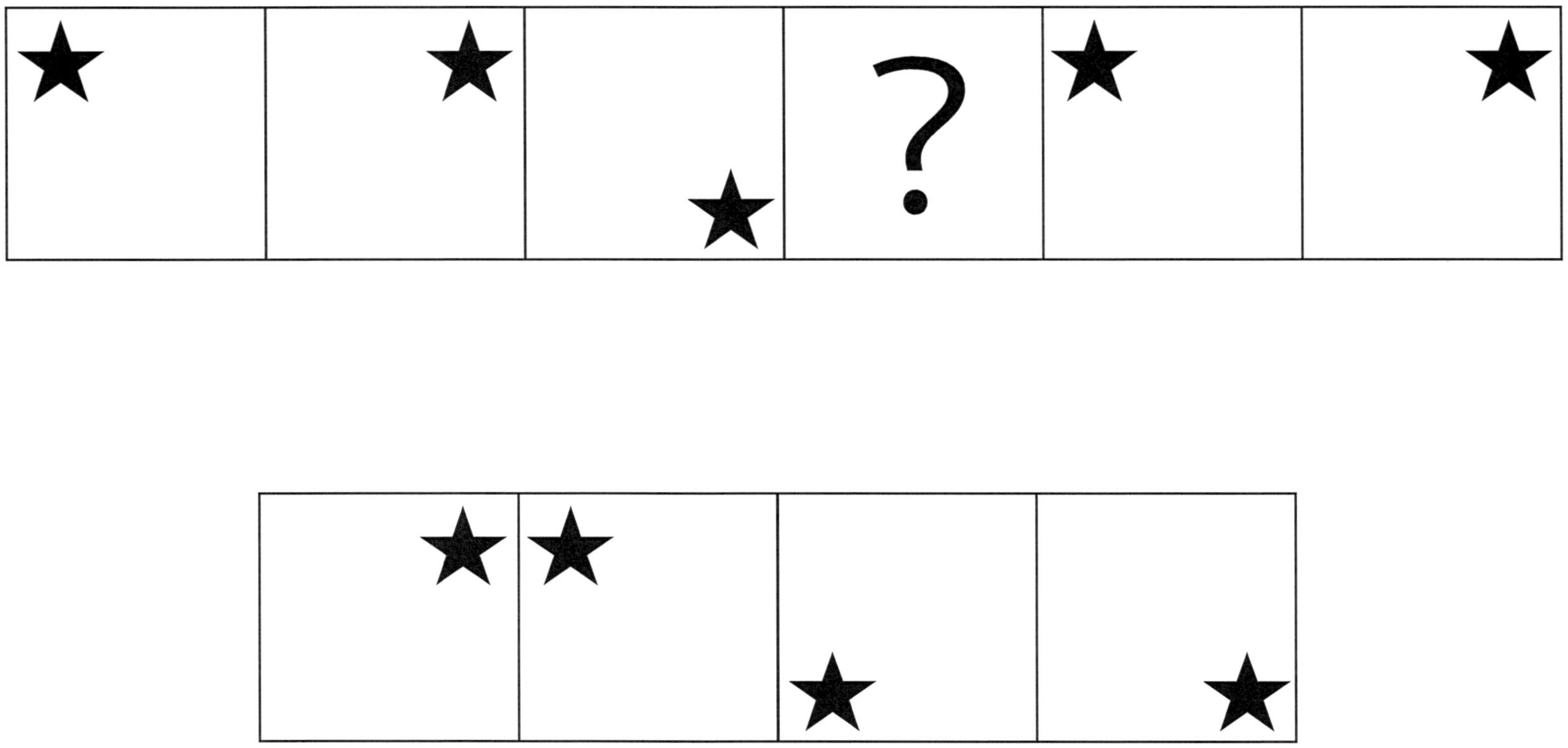

①

②

③

④

日本学習図書株式会社

2021年度　青山・日黒星美　過去　無断複製／転載を禁ずる

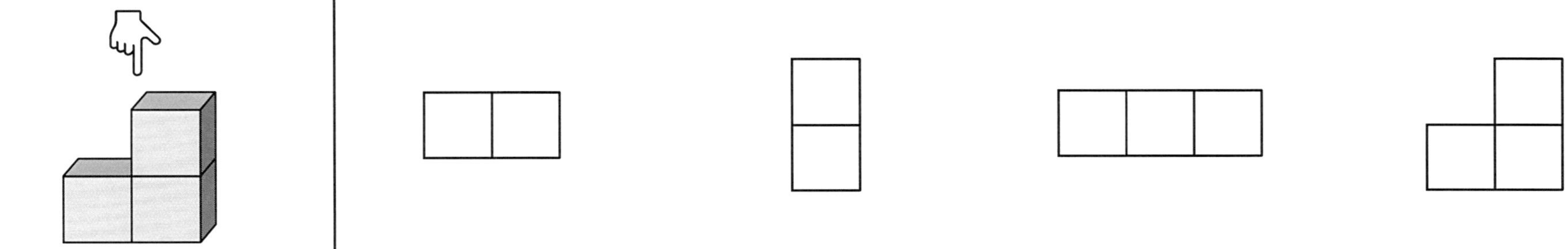

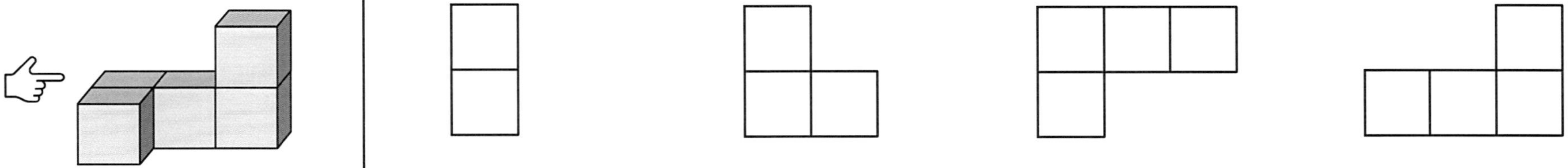

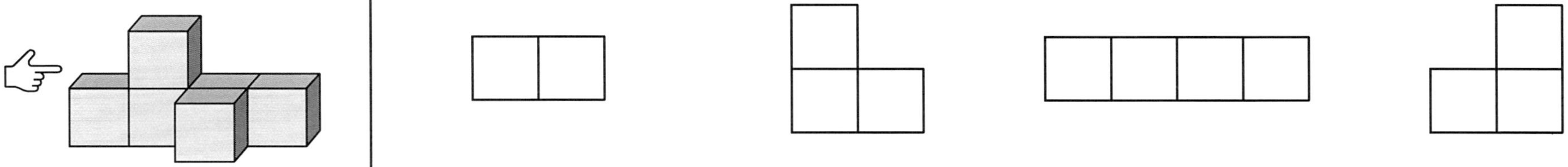

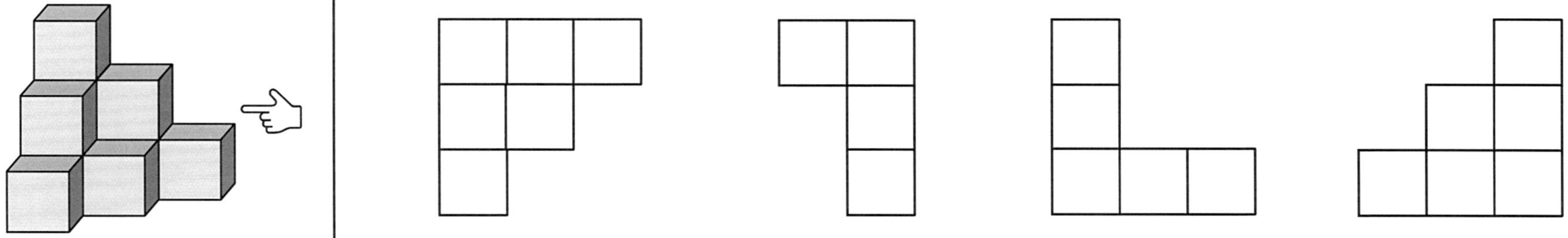

問題7－1

☆青山学院初等部

①

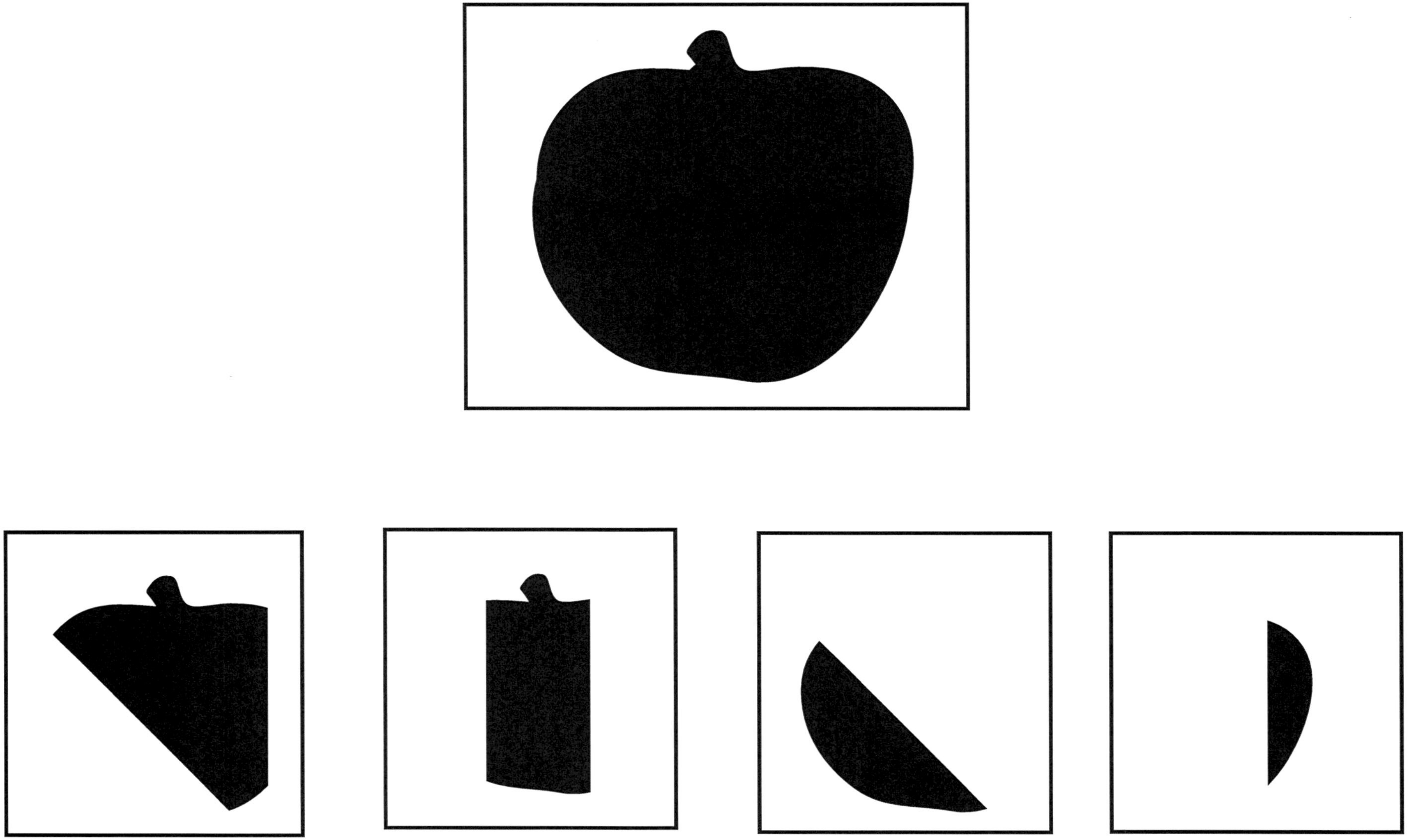

問題7－2

②

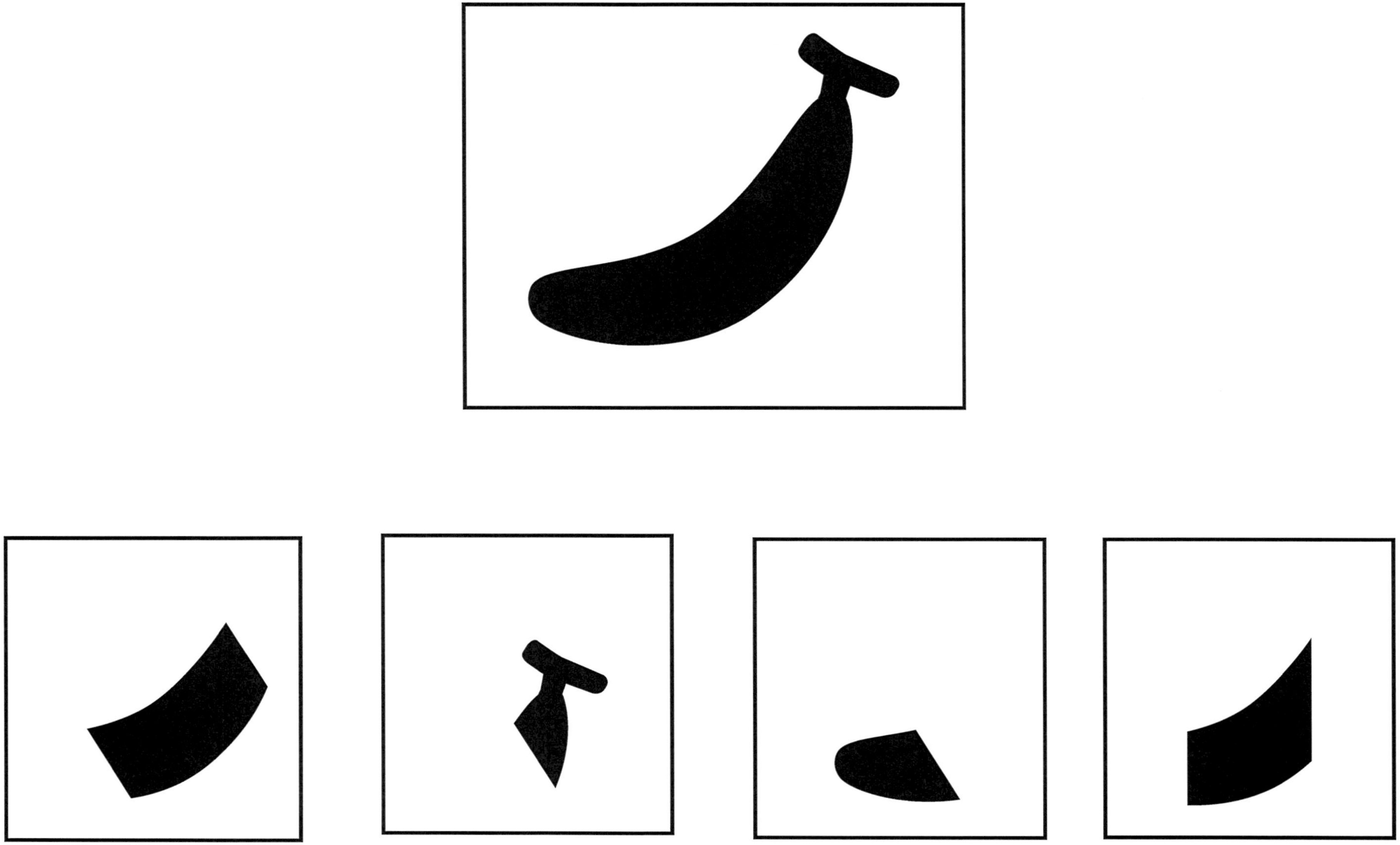

問題8

①

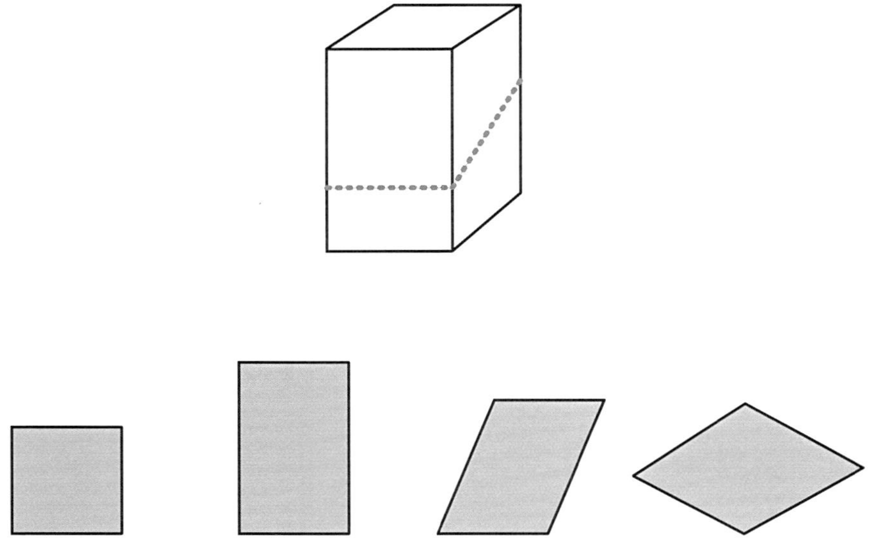

②

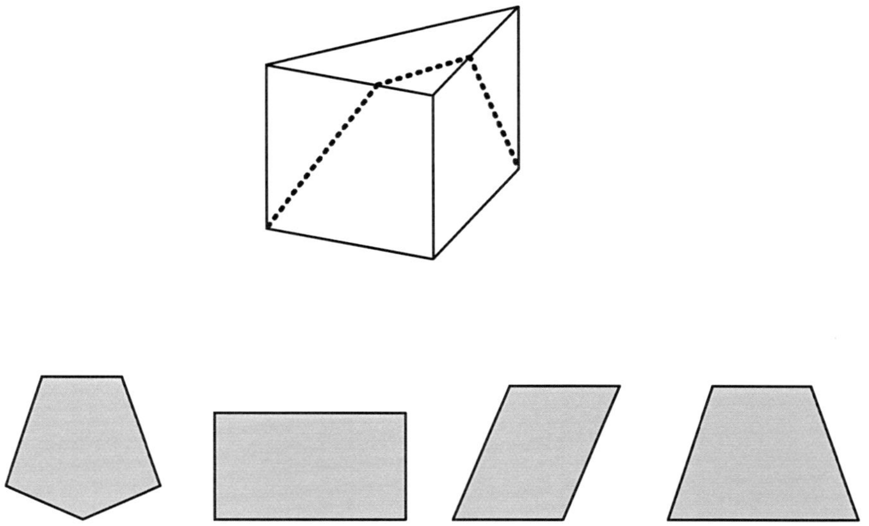

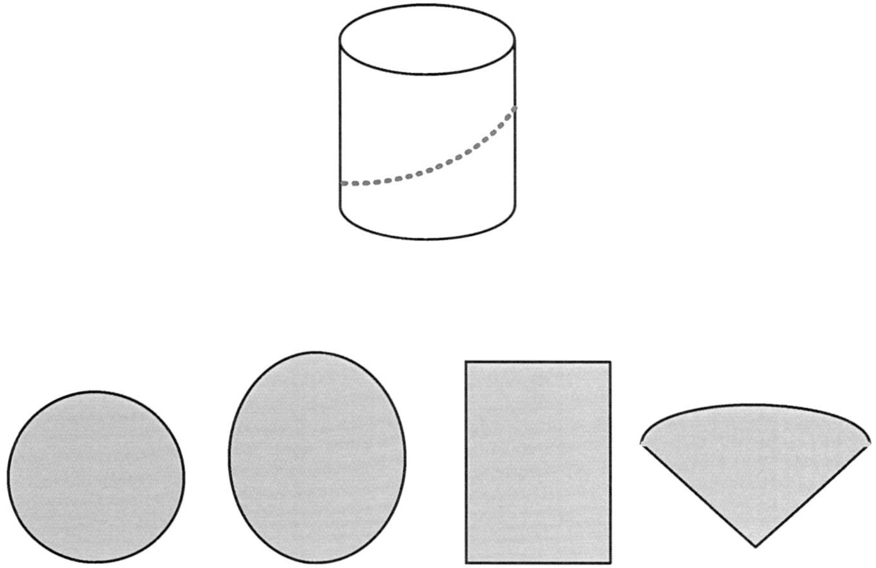

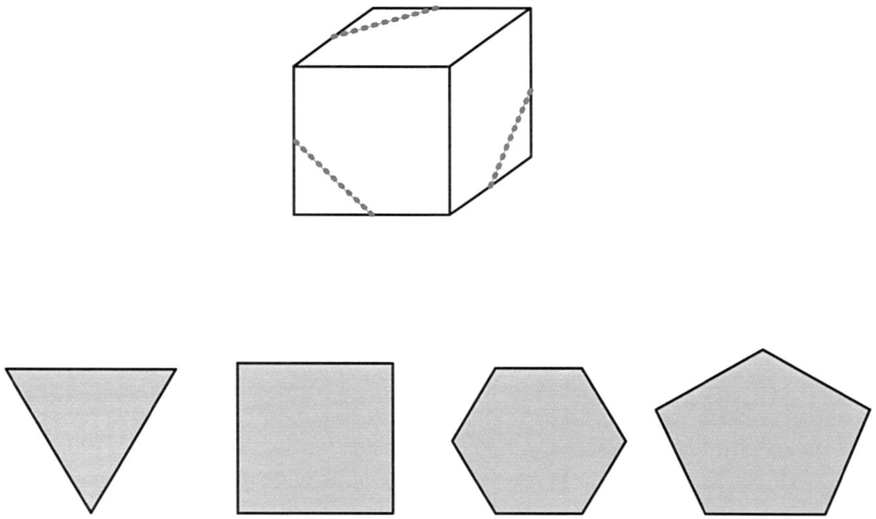

問題9－1

①

問題 9 − 2

☆青山学院初等部

②

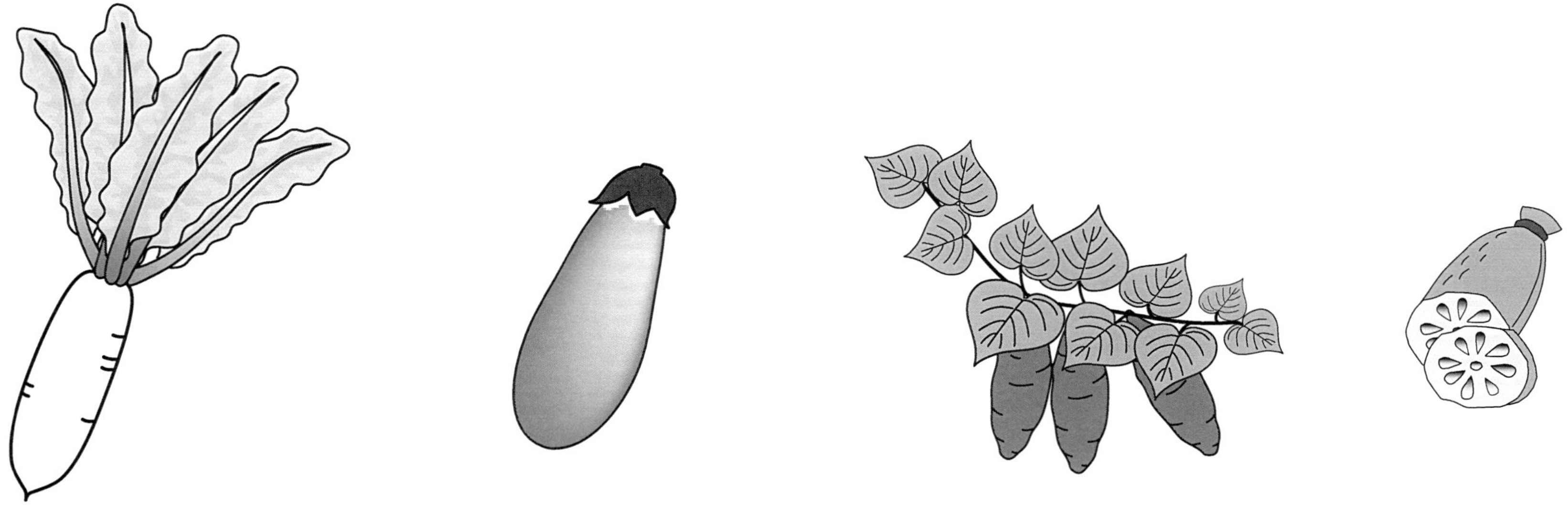

③

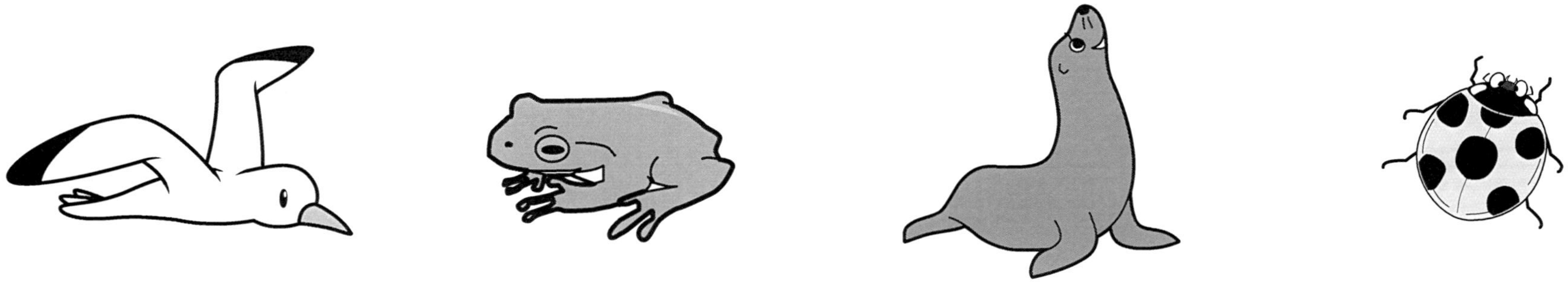

問題14−1

①

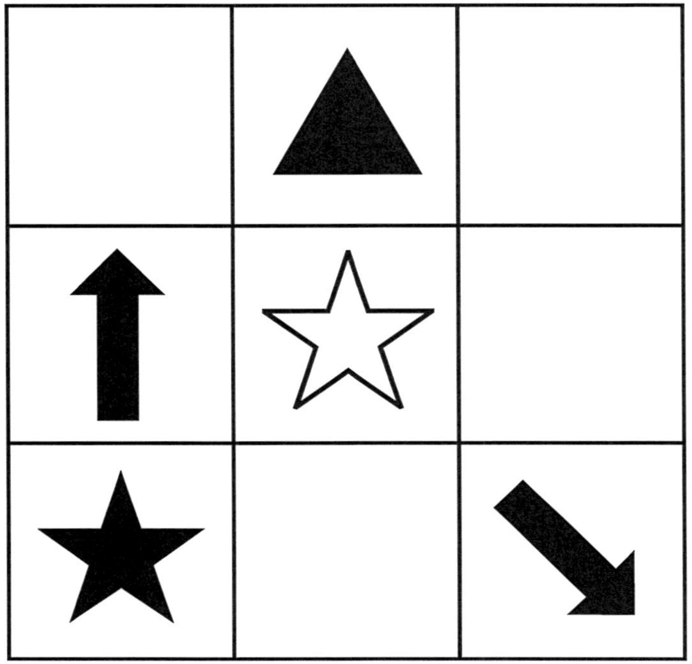

②

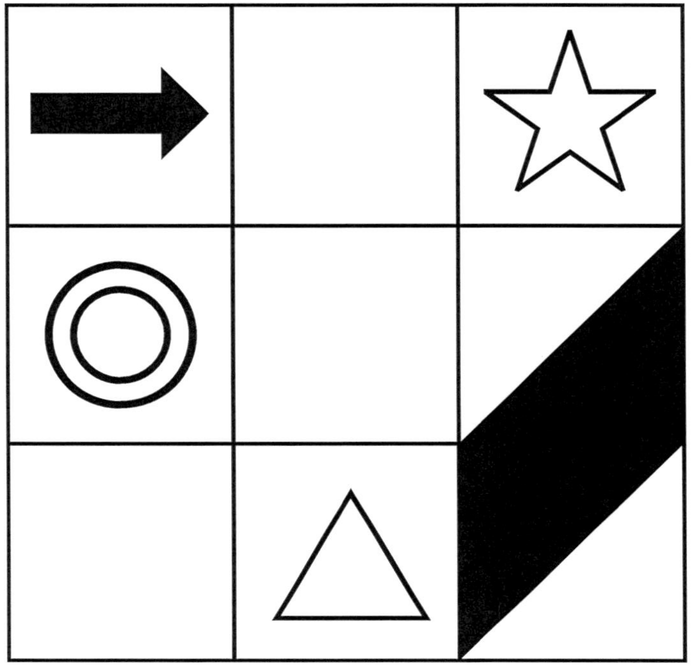

日本学習図書株式会社

☆青山学院初等部

2021年度　青山・日黒星美　過去　無断複製／転載を禁ずる　　日本学習図書株式会社

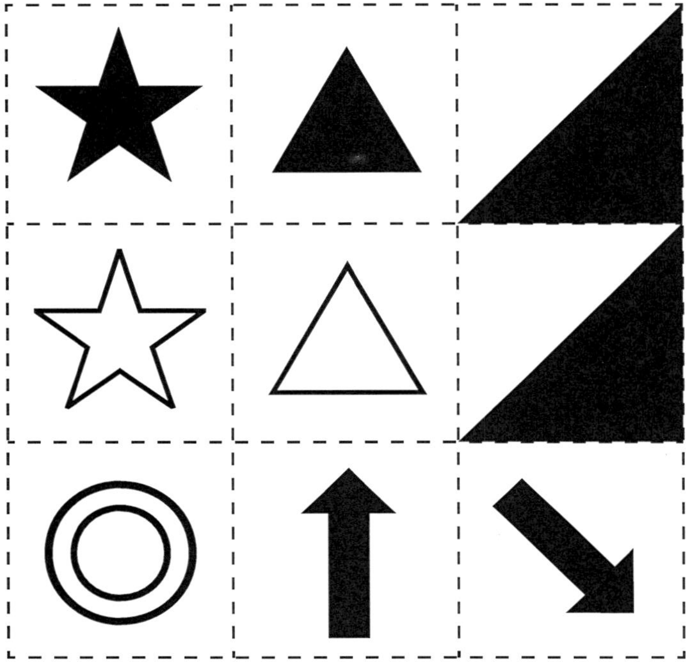

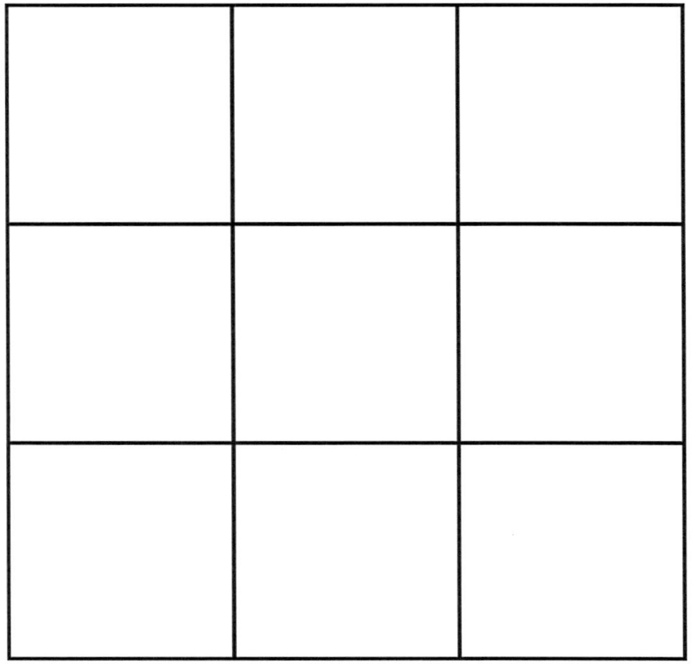

☆青山学院初等部

問題１５

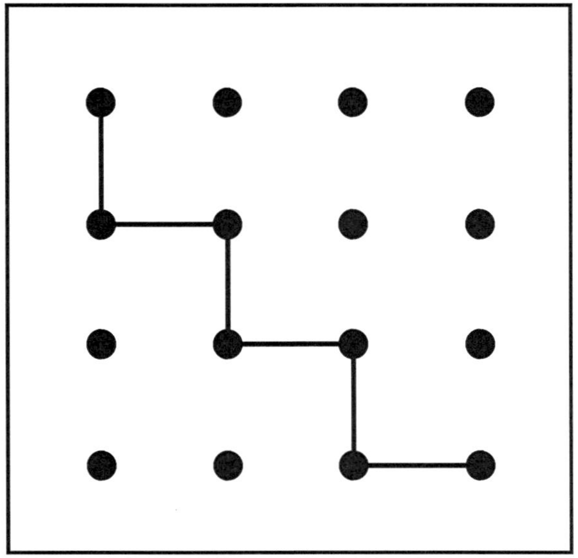

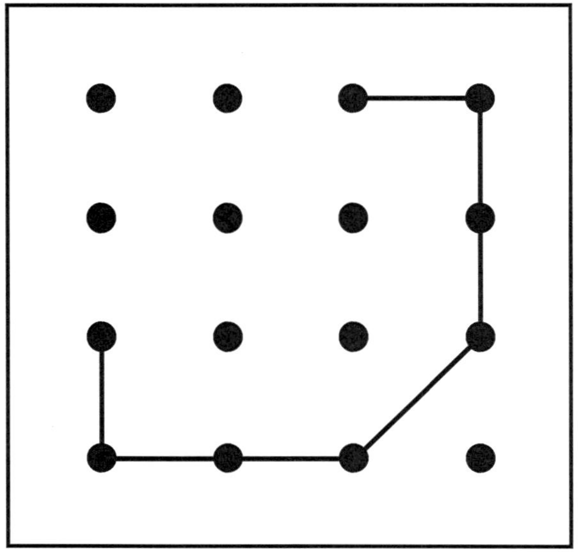

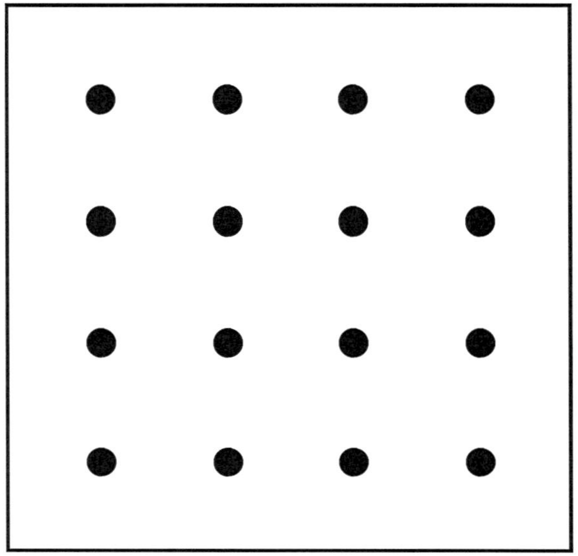

問題16

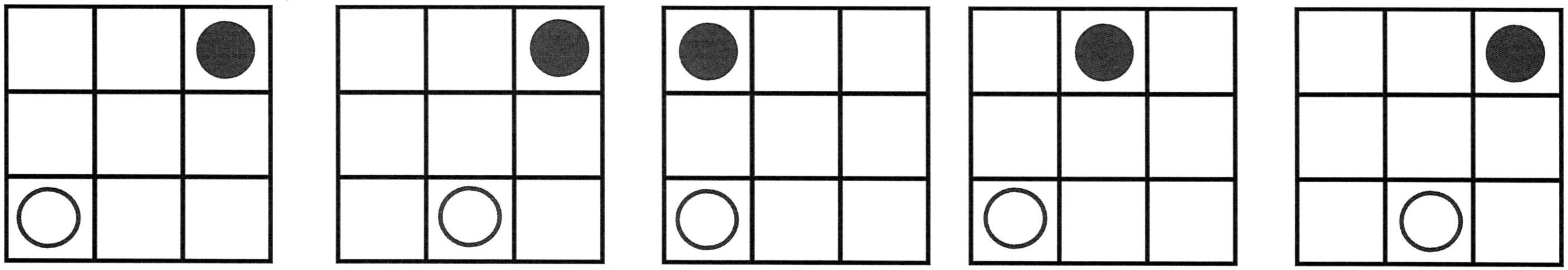

日本学習図書株式会社

問題１７

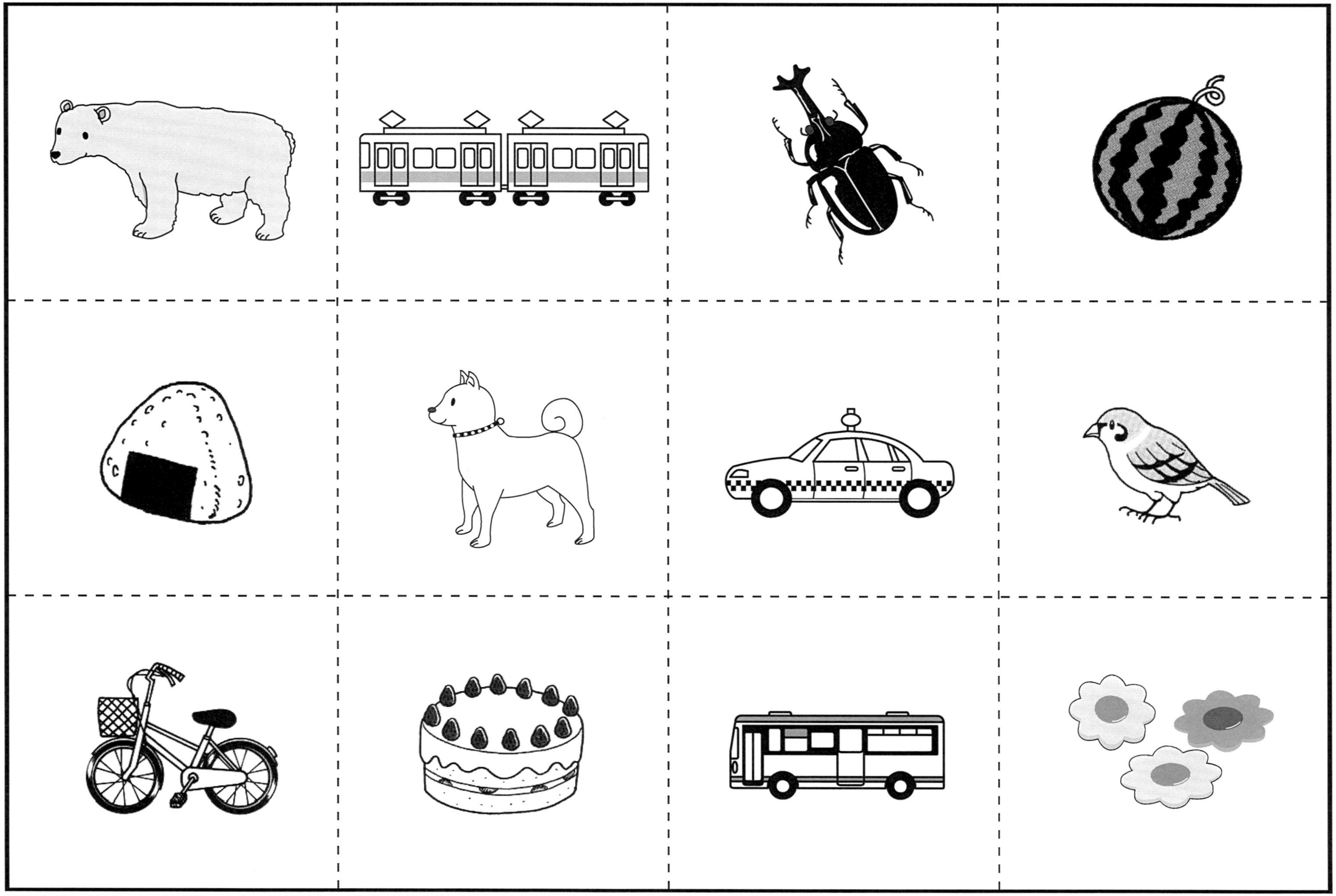

日本学習図書株式会社

問題１８

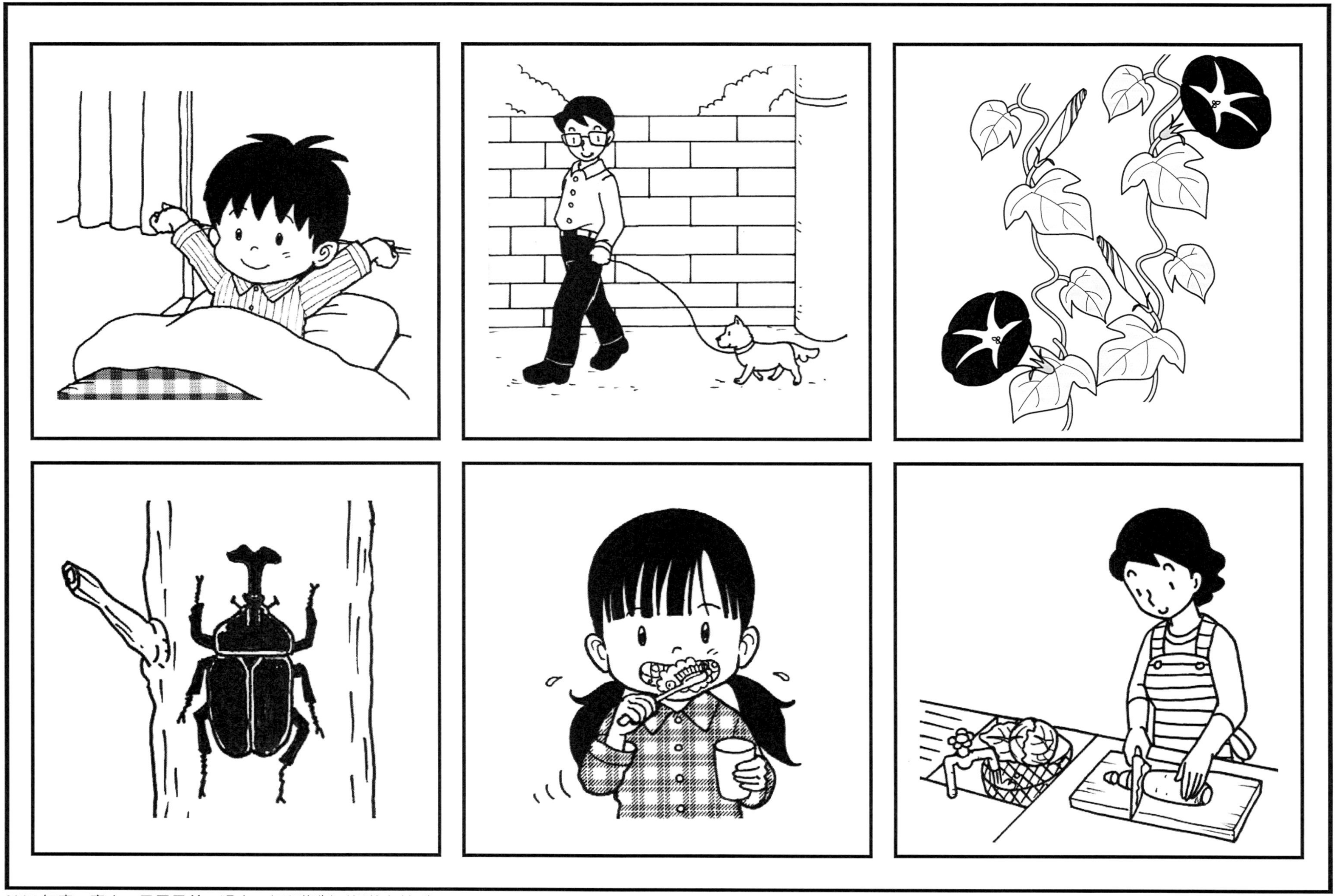

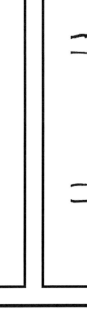

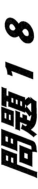

問題２０－１

日本学習図書株式会社

問題２０－２

☆目黒星美学園小学校

問題２１

①

②

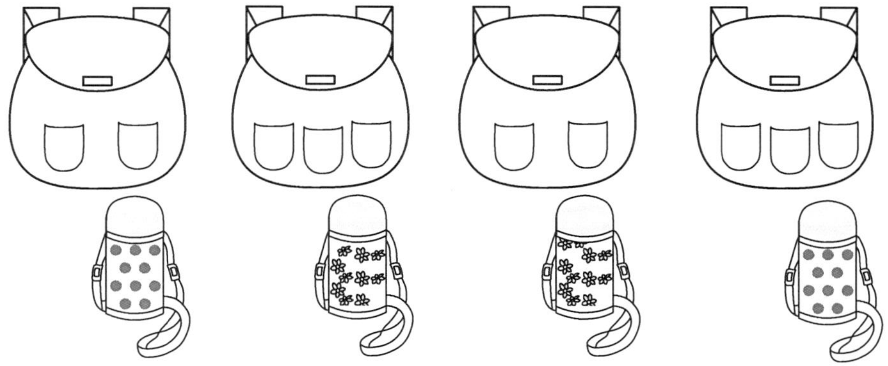

③ ④

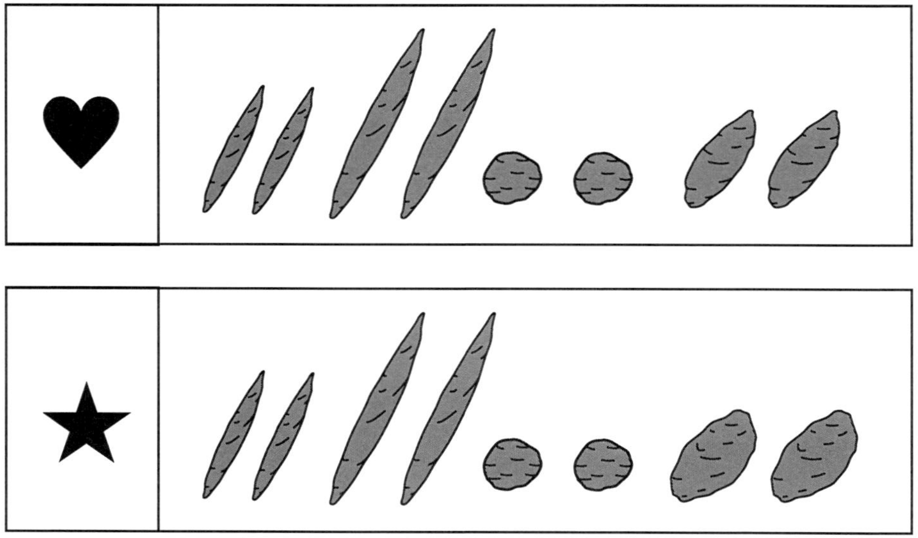

⑤

問題２２－１

問題22－2

日本学習図書株式会社

☆目黒星美学園小学校

2021年度　青山・目黒星美　過去　無断複製／転載を禁ずる　日本学習図書株式会社

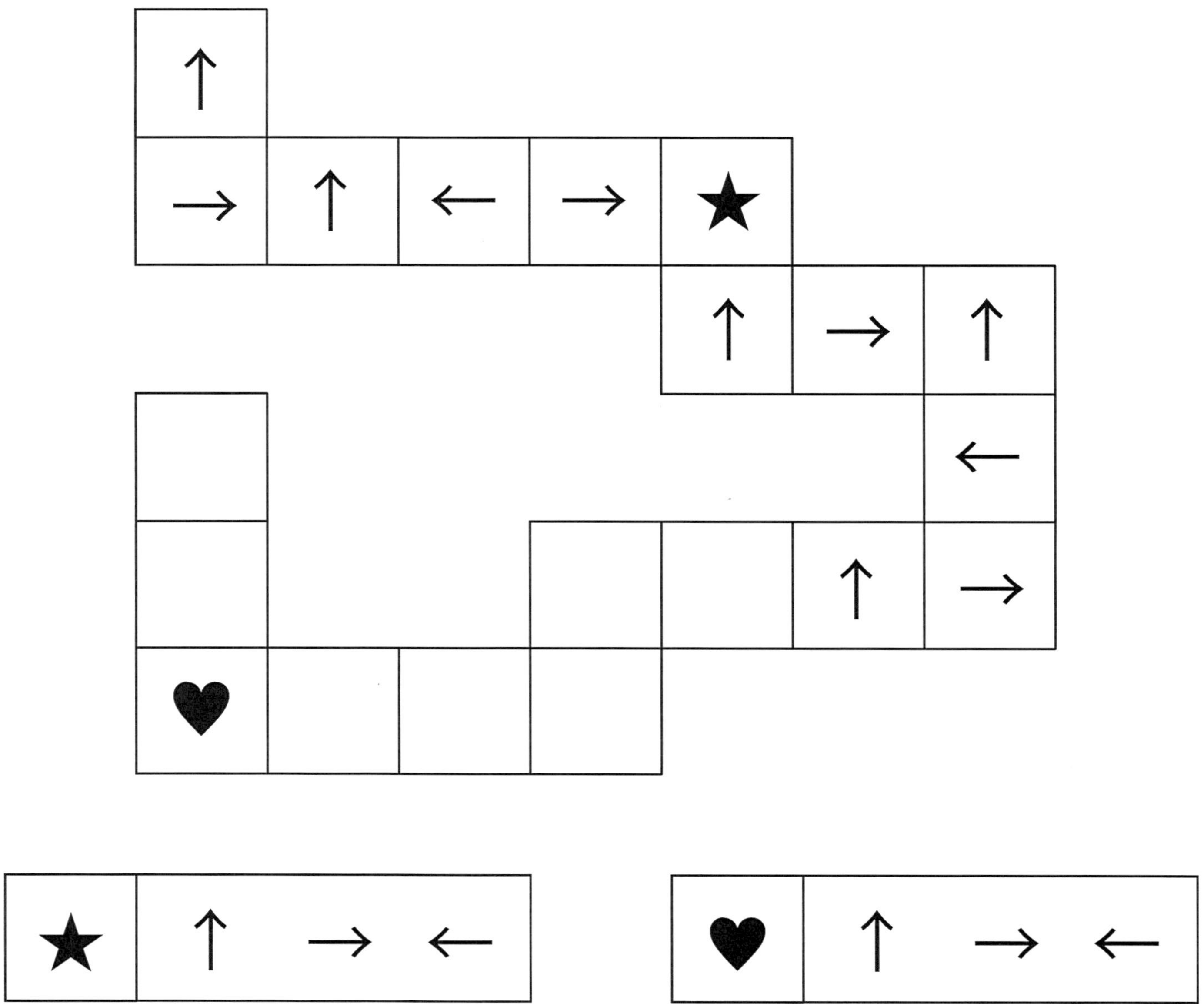

問題２４

☆日黒星美学園小学校

問題25

2021年度　青山・日黒星美　過去　無断複製／転載を禁ずる　日本学習図書株式会社

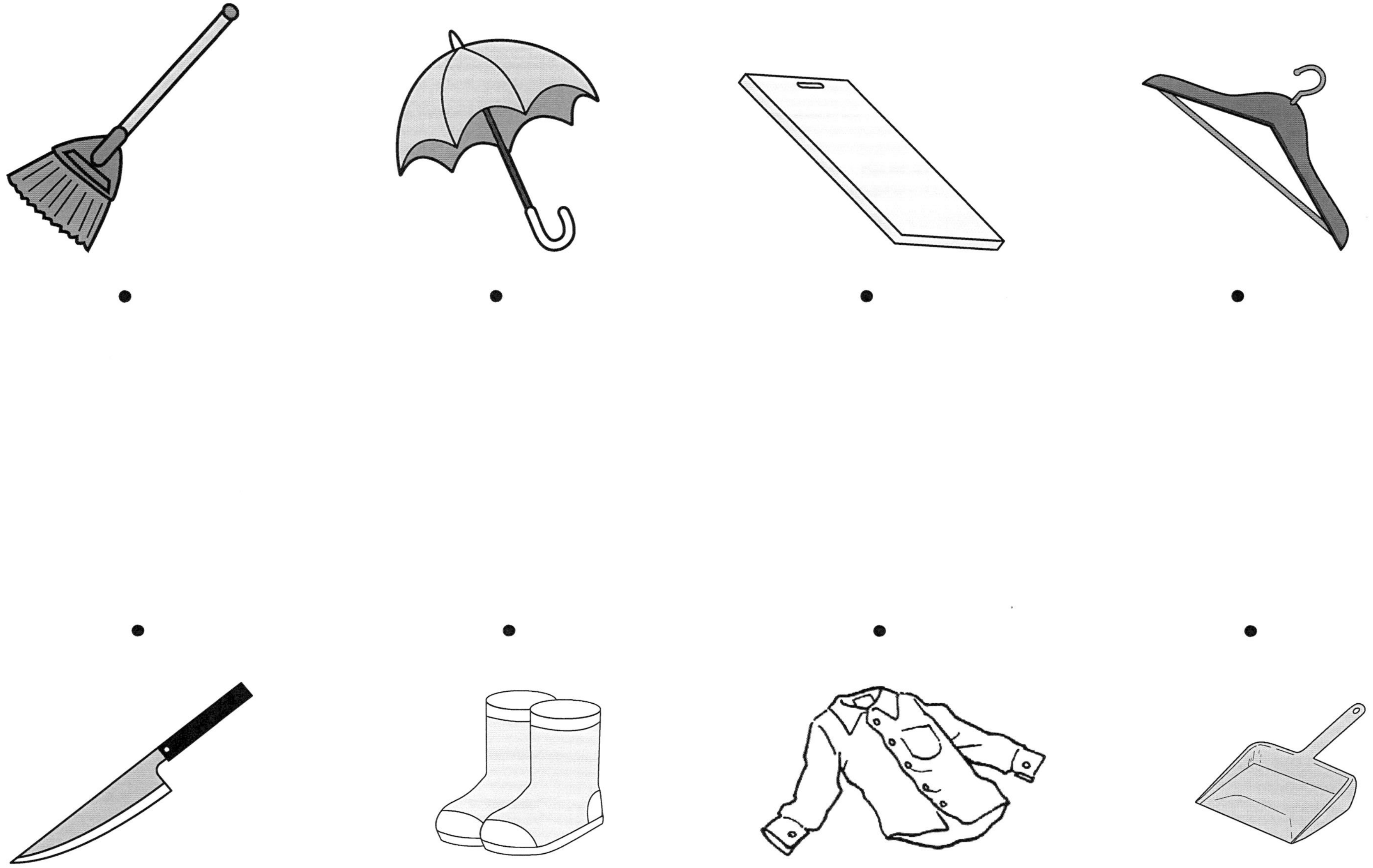

☆目黒星美学園小学校

2021年度　青山・目黒星美　過去　無断複製／転載を禁ずる　　　日本学習図書株式会社

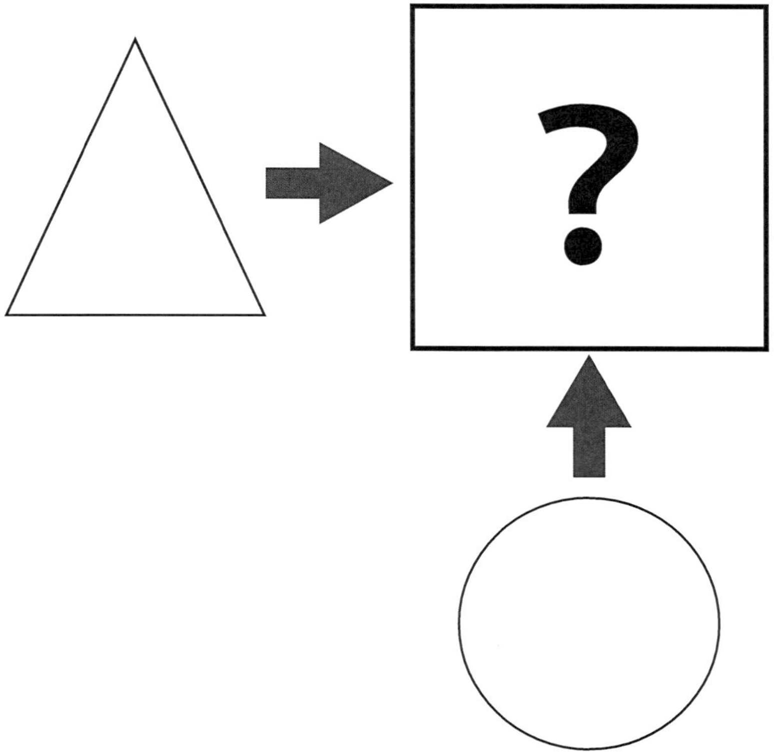

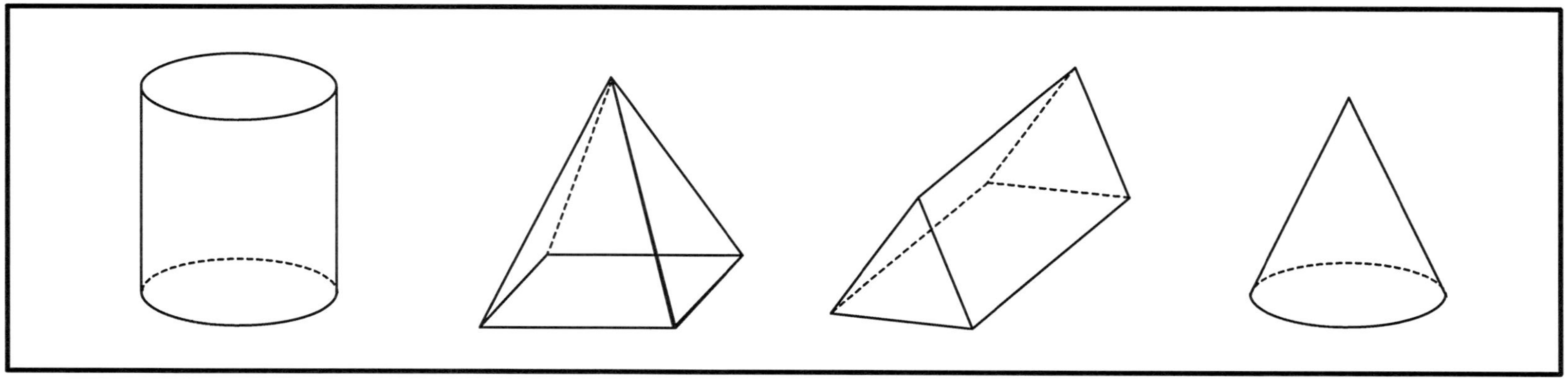

☆目黒星美学園小学校

2021年度　青山・目黒星美　過去　無断複製／転載を禁ずる　　日本学習図書株式会社

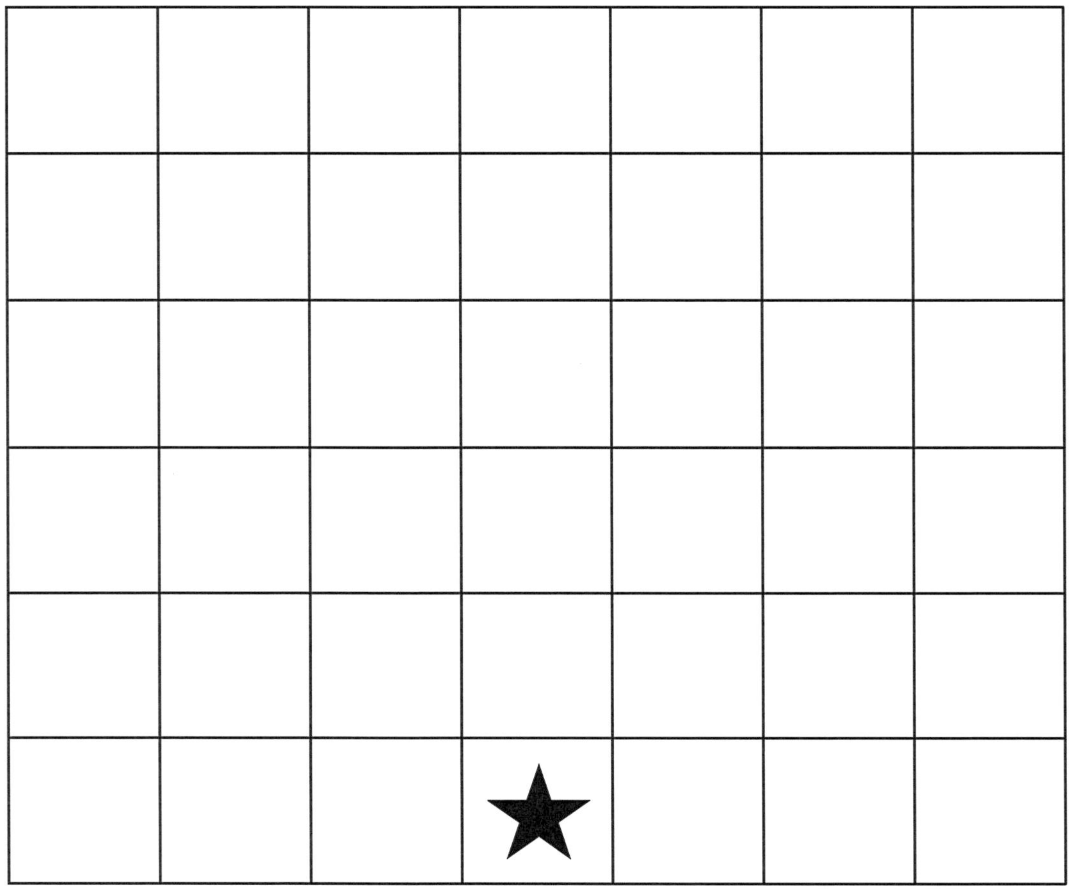

問題２８－１

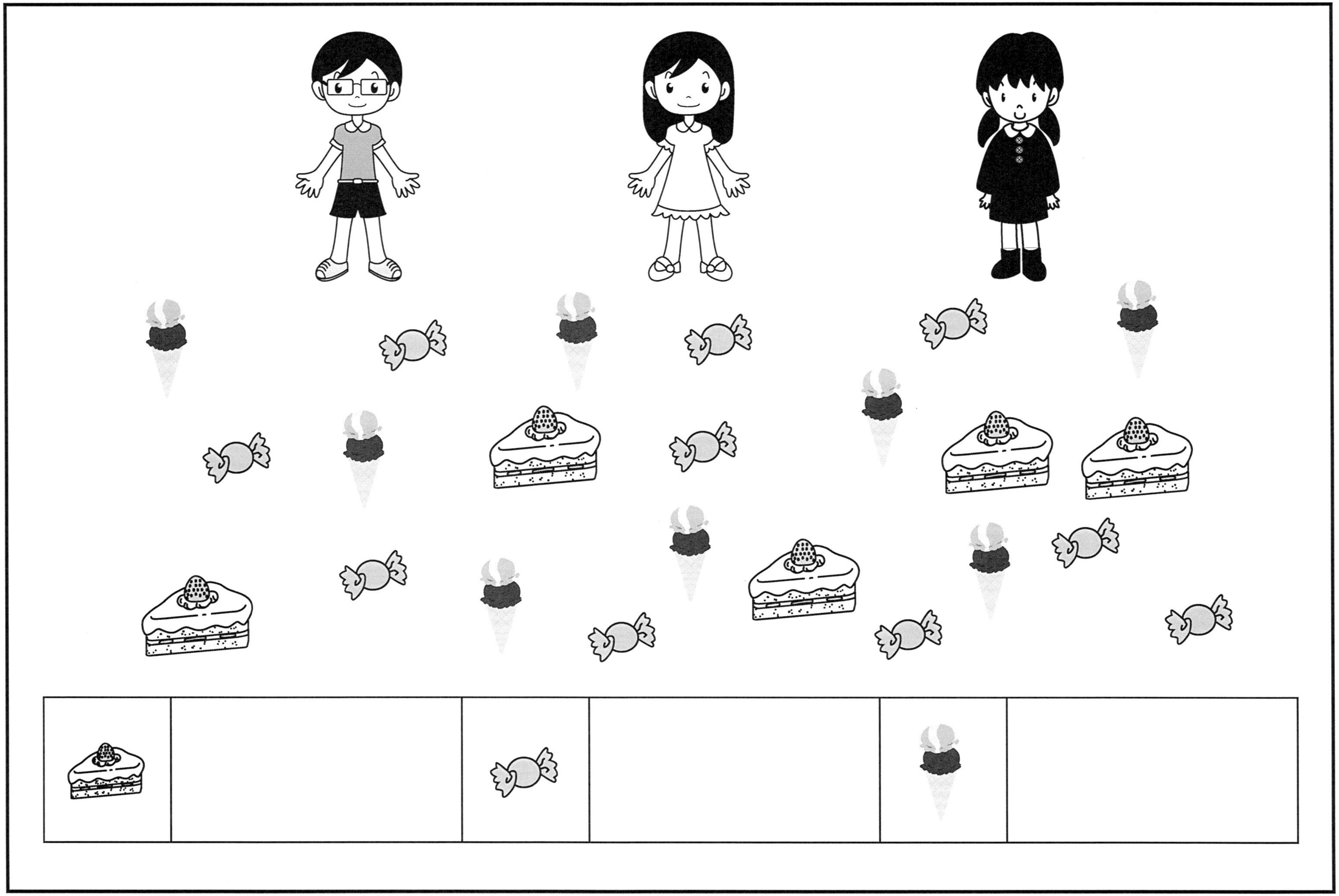

日本学習図書株式会社

☆目黒星美学園小学校

2021年度　青山・目黒星美　過去　無断複製／転載を禁ずる　日本学習図書株式会社

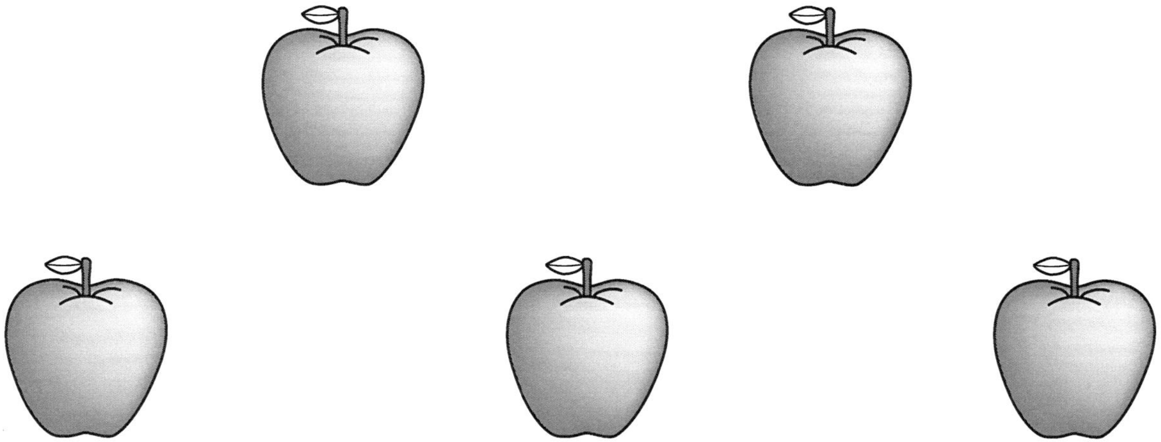

問題２９－１

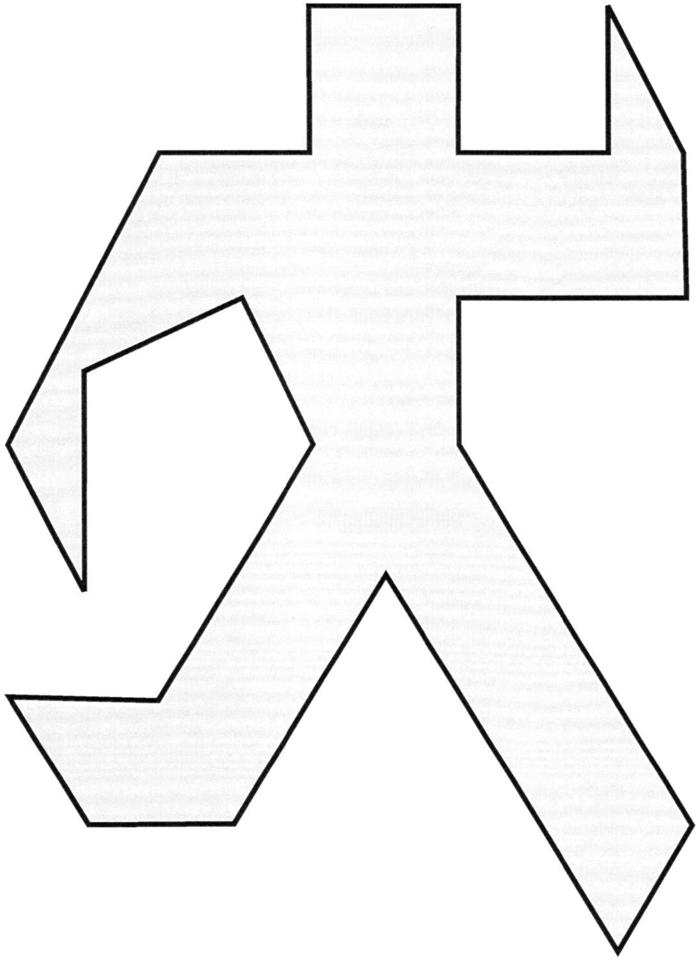

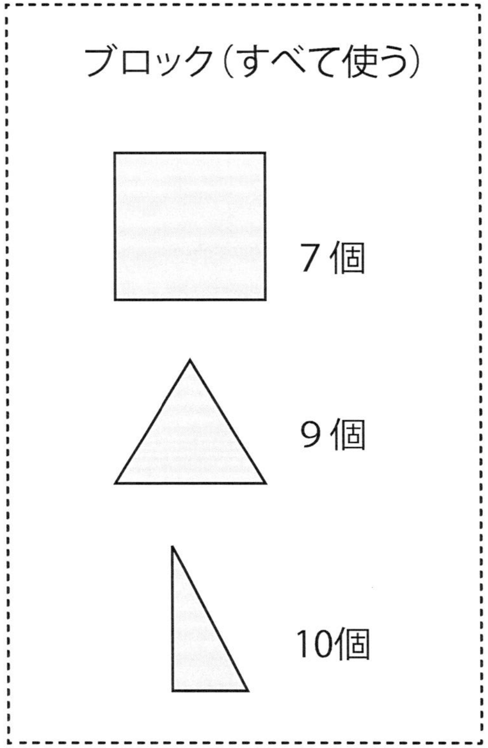

問題２９－２

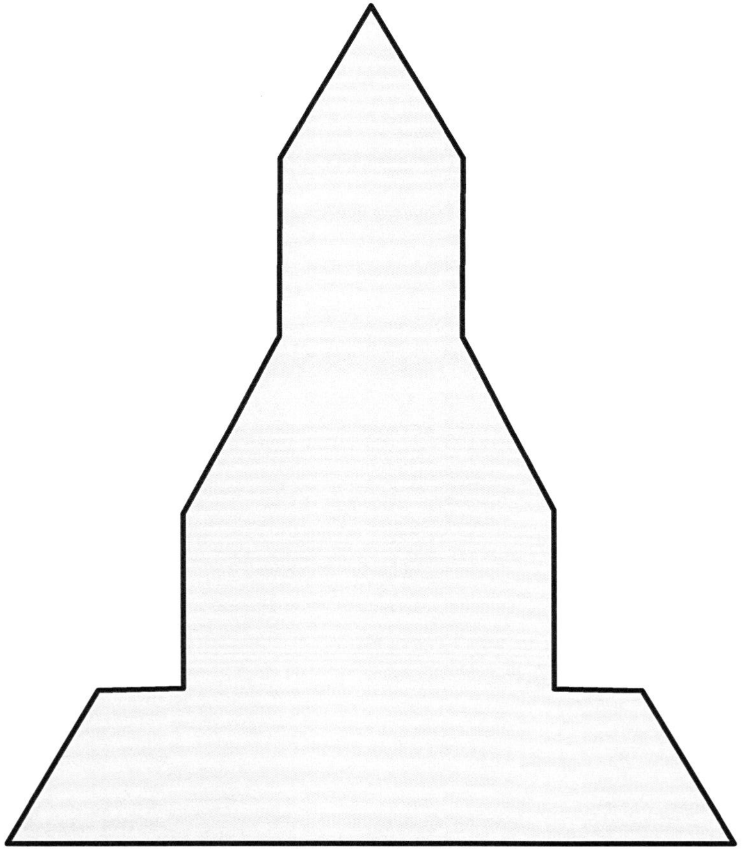

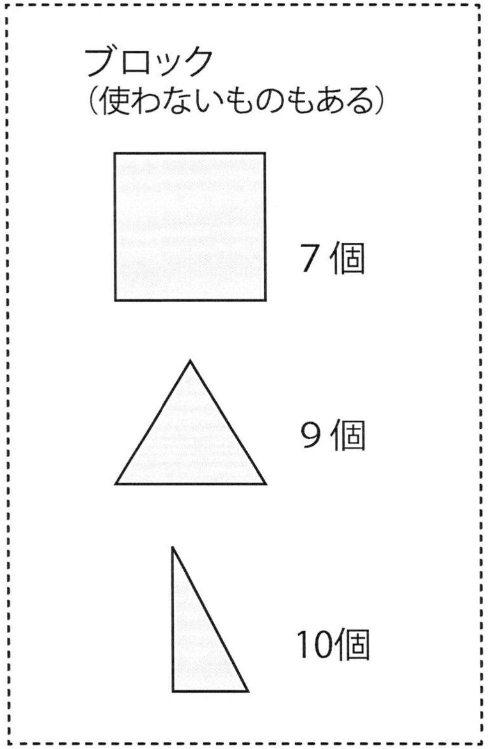

問題３０

☆目黒星美学園小学校

①

②

③

④

⑤

日本学習図書株式会社

2021年度　青山・日黒星美　過去　無断複製／転載を禁ずる　日本学習図書株式会社

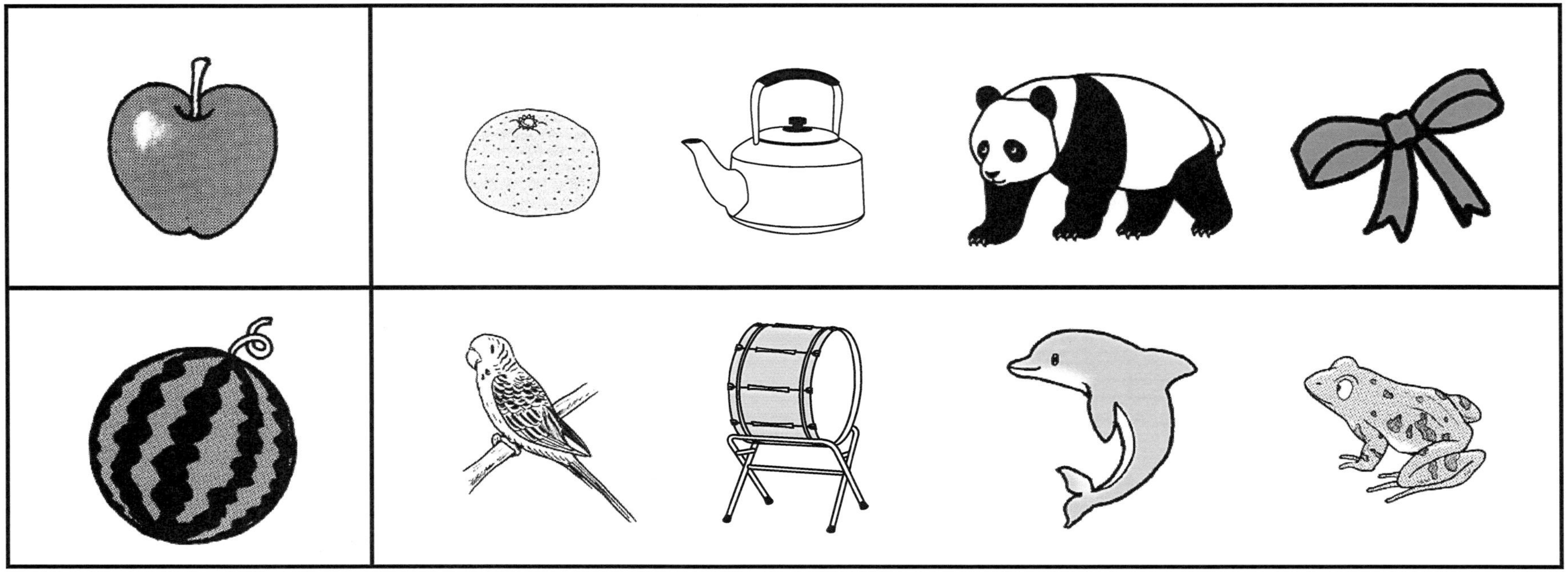

問題 32

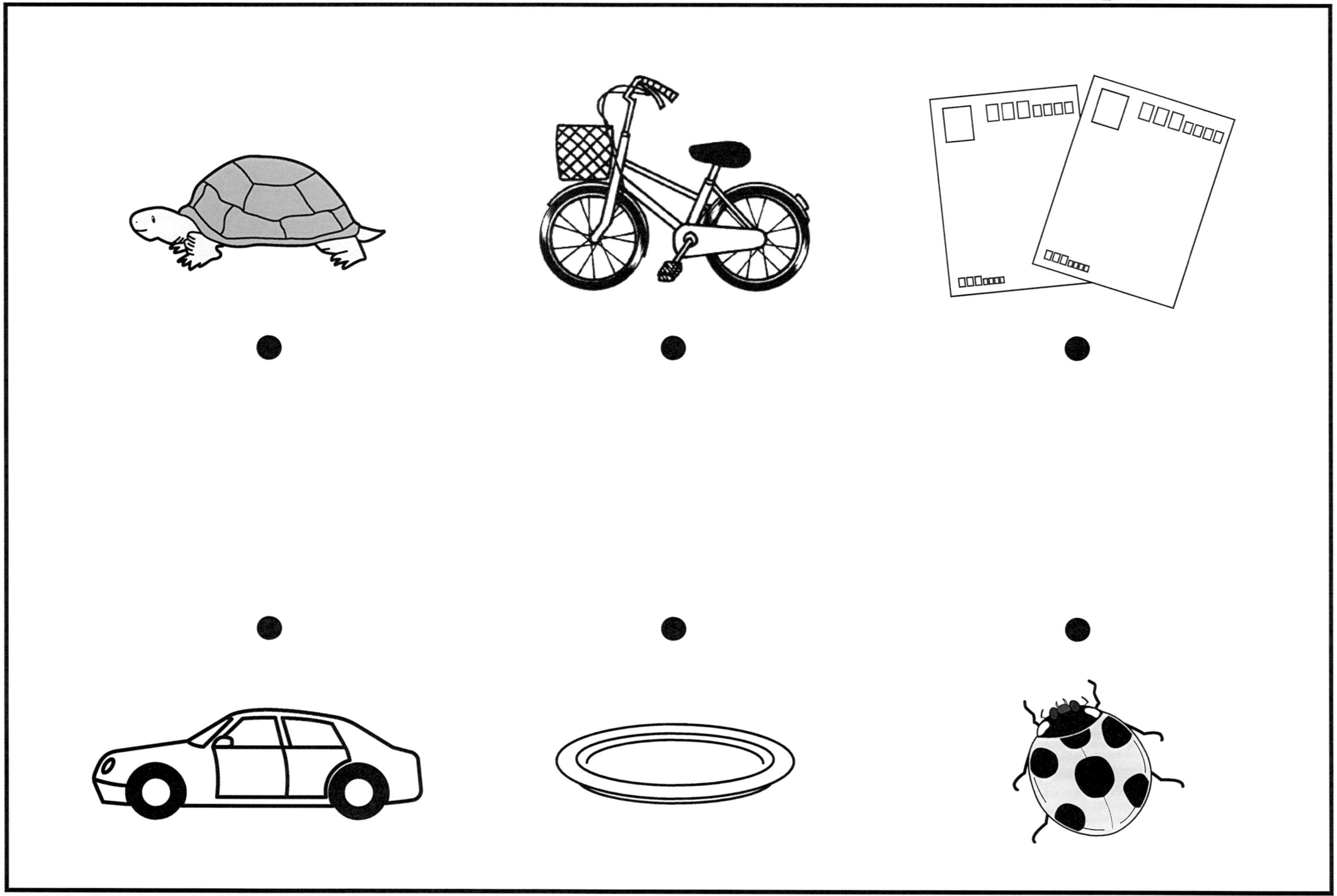

①

②

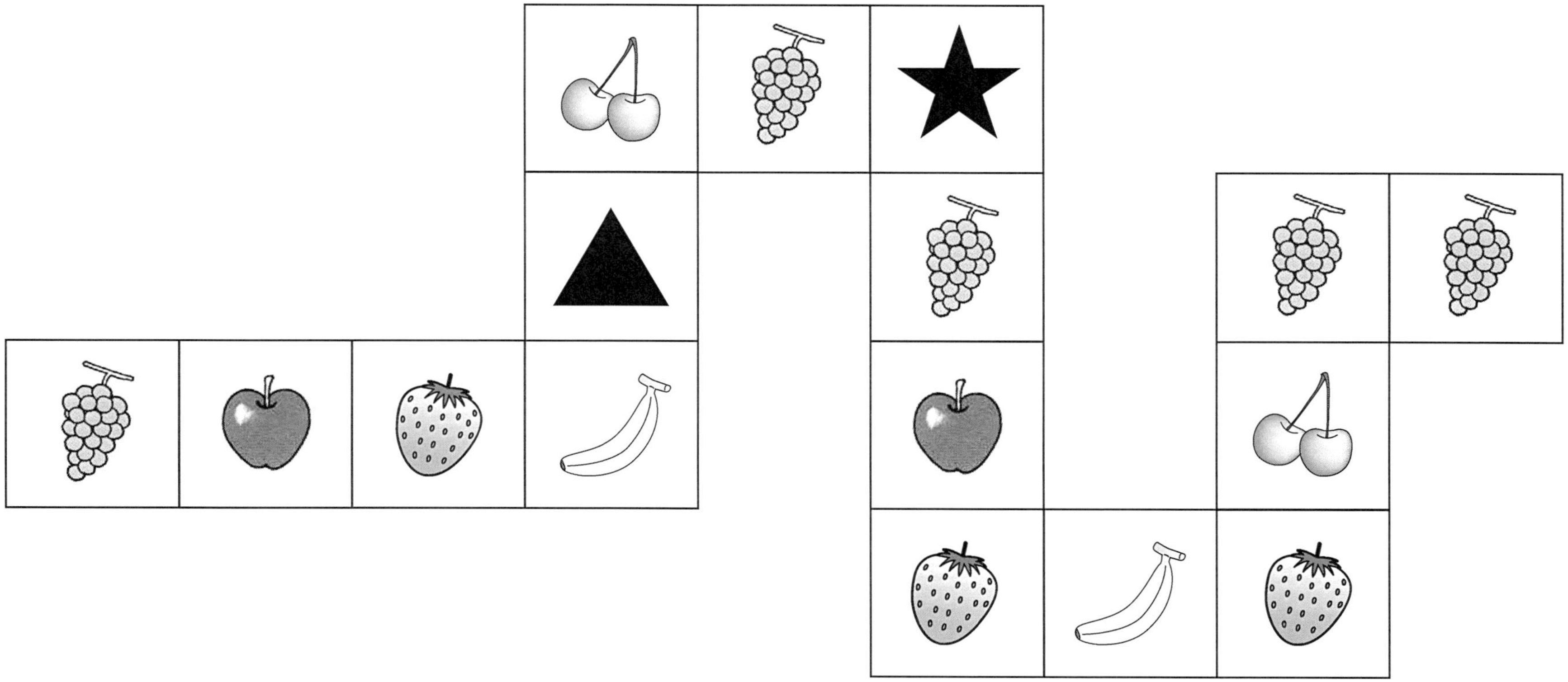

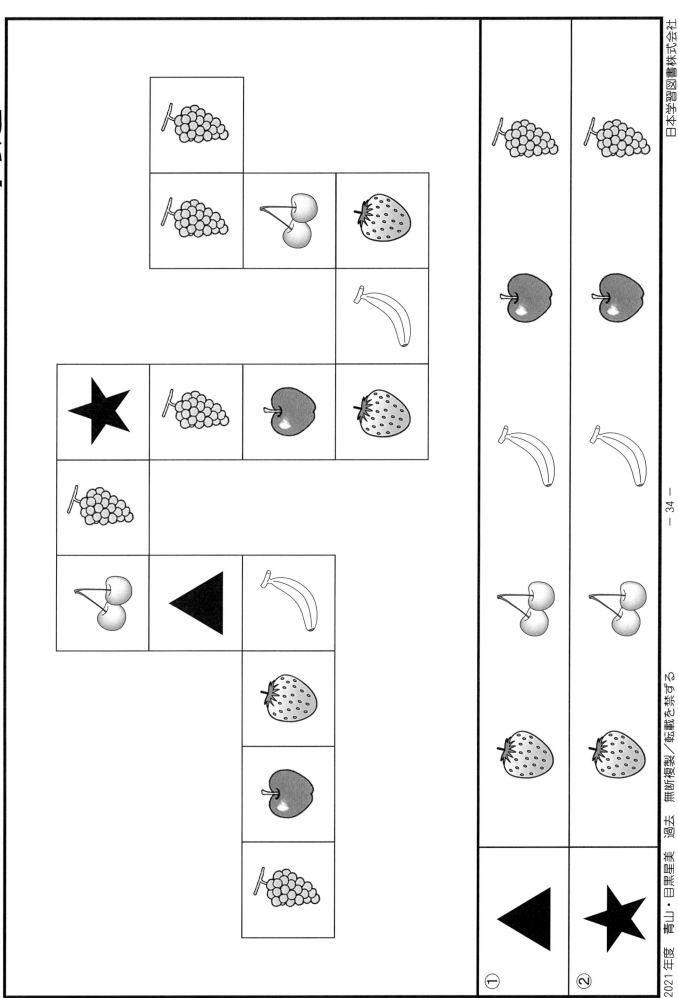

問題３４

問題３５

問題３６

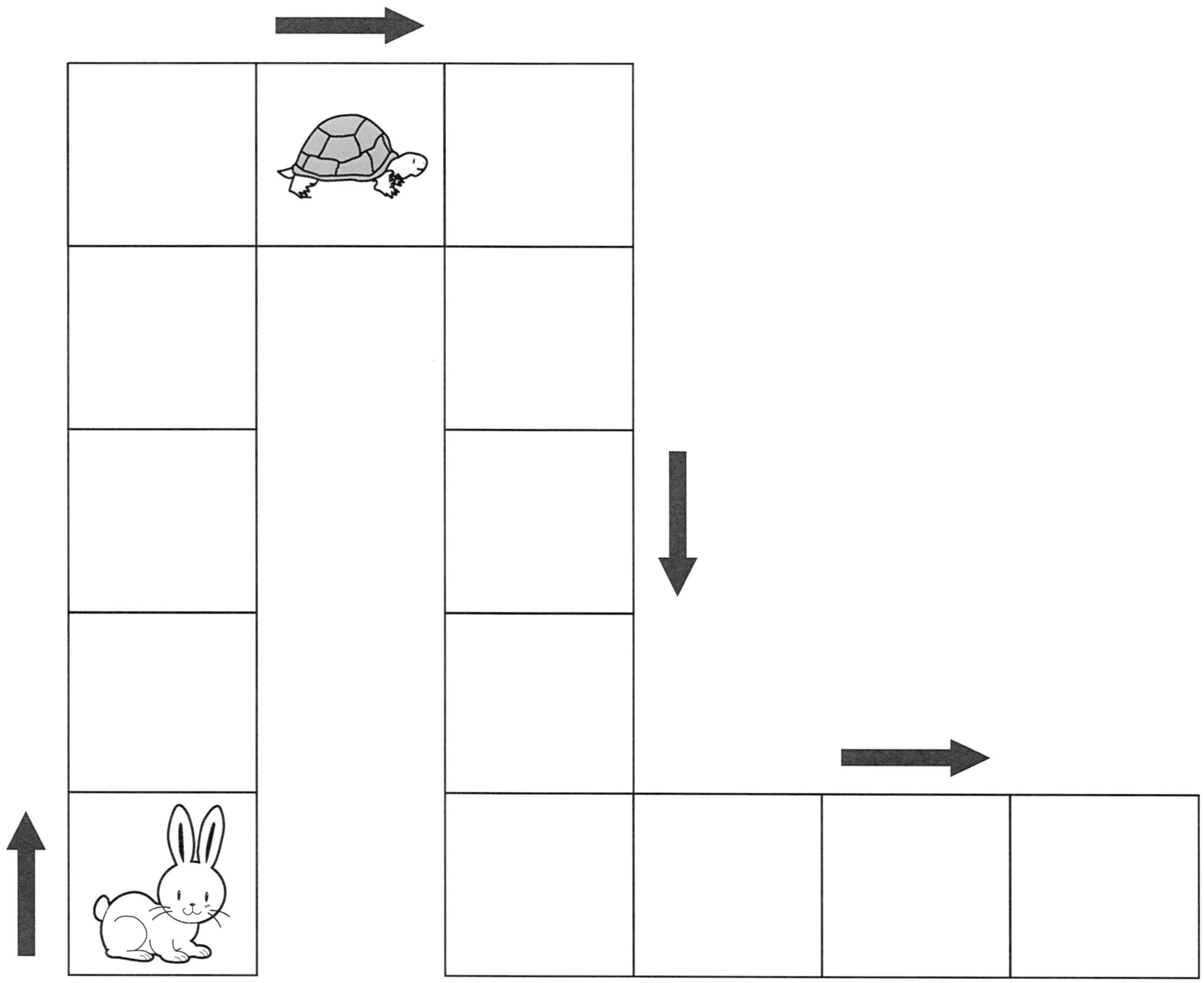

　

日本学習図書株式会社

問題37

日本学習図書株式会社

☆目黒星美学園小学校

問題３８

問題３９

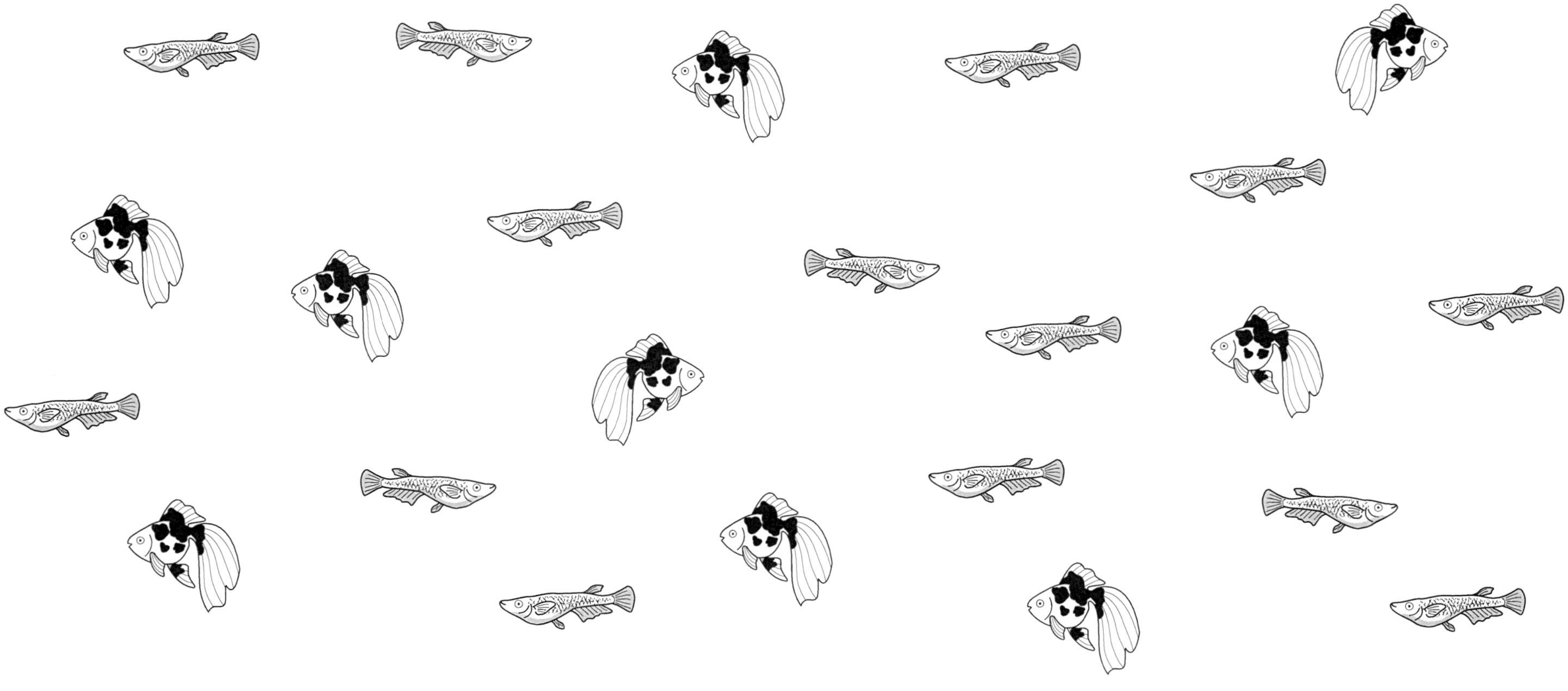

① 	

② 	

分野別 小学入試練習帳 ジュニアウォッチャー

1．点・線図形	小学校入試で出題頻度の高い『点・線図形』の模写を、難易度の低いものから段階別に幅広く練習することができるように構成。
2．座標	図形の位置模写という作業を、難易度の低いものから段階別に練習できるように構成。
3．パズル	様々なパズルの問題を難易度の低いものから段階別に練習できるように構成。
4．同図形探し	小学校入試で出題頻度の高い、同図形選びの問題を繰り返し練習できるように構成。
5．回転・展開	図形などを回転、または展開したとき、形がどのように変化するかを学習し、理解を深められるように構成。
6．系列	数、図形などの様々な系列問題を、難易度の低いものから段階別に練習できるように構成。
7．迷路	迷路の問題を繰り返し練習できるように構成。
8．対称	対称に関する問題を４つのテーマに分類し、各テーマごとに問題を段階別に練習できるように構成。
9．合成	図形の合成に関する問題を、難易度の低いものから段階別に練習できるように構成。
10．四方からの観察	もの（立体）を様々な角度から見て、どのように見えるかを推理する問題を段階別に整理し、１つの形式で複数の問題を練習できるように構成。
11．いろいろな仲間	ものや動物、植物の共通点を見つけ、分類していく問題を中心に構成。
12．日常生活	日常生活における様々な問題を６つのテーマに分類し、各テーマごとに一つの問題形式で複数の問題を練習できるように構成。
13．時間の流れ	『時間』に着目し、様々なものごとは、時間が経過するとどのように変化するのかということを学習し、理解できるように構成。
14．数える	様々なものを『数える』ことから、数の多少の判定やかけ算、わり算の基礎までを練習できるように構成。
15．比較	比較に関する問題を５つのテーマ（数、高さ、長さ、量、重さ）に分類し、各テーマごとに問題を段階別に練習できるように構成。
16．積み木	数える対象を積み木に限定した問題集。
17．言葉の音遊び	言葉の音に関する問題を５つのテーマに分類し、各テーマごとに問題を段階別に練習できるように構成。
18．いろいろな言葉	表現力をより豊かにするいろいろな言葉として、擬態語や擬声語、同音異義語、反意語、数詞を取り上げた問題集。
19．お話の記憶	お話を聴いてその内容を記憶、理解し、設問に答える形式の問題集。
20．見る記憶・聴く記憶	「見て憶える」「聴いて憶える」という『記憶』分野に特化した問題集。
21．お話作り	いくつかの絵を元にしてお話を作る練習をして、想像力を養うことができるように構成。
22．想像画	描かれてある形や景色に好きな絵を描くことにより、想像力を養うことができるように構成。
23．切る・貼る・塗る	小学校入試で出題頻度の高い、はさみやのりなどを用いた巧緻性の問題を繰り返し練習できるように構成。
24・絵画	小学校入試で出題頻度の高い、お絵かきやぬり絵などクレヨンやクーピーペンを用いた巧緻性の問題を繰り返し練習できるように構成。
25．生活巧緻性	小学校入試で出題頻度の高い日常生活の様々な場面における巧緻性の問題集。
26．文字・数字	ひらがなの清音、濁音、拗音、拗長音、促音と１～20までの数字に焦点を絞り、練習できるように構成。
27．理科	小学校入試で出題頻度が高くなりつつある理科の問題を集めた問題集。
28．運動	出題頻度の高い運動問題を種目別に分けて構成。
29．行動観察	項目ごとに問題提起をし、「このような時はどうか、あるいはどう対処するのか」の観点から問いかける形式の問題集。
30．生活習慣	学校から家庭に提起された問題と思って、一問一問絵を見ながら話し合い、考える形式の問題集。

31．推理思考	数、量、言語、常識（含理科、一般）など、諸々のジャンルから問題を構成し、近年の小学校入試問題傾向に沿って構成。
32．ブラックボックス	箱や筒の中を通ると、どのようなお約束でどのように変化するかを推理・思考する問題集。
33．シーソー	重さの違うものをシーソーに乗せた時どちらに傾くのか、またどうすればシーソーは釣り合うのかを思考する基礎的な問題集。
34．季節	様々な行事や植物などを季節別に分類できるように知識をつける問題集。
35．重ね図形	小学校入試で頻繁に出題されている「図形を重ね合わせてできる形」についての問題を集めました。
36．同数発見	様々な物を数え「同じ数」を発見し、数の多少の判断や数の認識の基礎を学べるように構成した問題集。
37．選んで数える	数の学習の基本となる、いろいろなものの数を正しく数える学習を行う問題集。
38．たし算・ひき算１	数字を使わず、たし算とひき算の基礎を身につけるための問題集。
39．たし算・ひき算２	数字を使わず、たし算とひき算の基礎を身につけるための問題集。
40．数を分ける	数を等しく分ける問題です。等しく分けたときに余りが出るものもあります。
41．数の構成	ある数がどのような数で構成されているか学んでいきます。
42．一対多の対応	一対一の対応から、一対多の対応まで、かけ算の考え方の基礎学習を行います。
43．数のやりとり	あげたり、もらったり、数の変化をしっかりと学びます。
44．見えない数	指定された条件から数を導き出します。
45．図形分割	図形の分割に関する問題集。パズルや合成の分野にも通じる様々な問題を集めました。
46．回転図形	「回転図形」に関する問題集。やさしい問題から始め、いくつかの代表的なパターンから、段階を踏んで学習できるよう編集されています。
47．座標の移動	「マス目の指示通りに移動する問題」と「指示された数だけ移動する問題」を収録。
48．鏡図形	鏡で左右反転させた時の見え方を考えます。平面図形から立体図形、文字、絵まで。
49．しりとり	すべての学習の基礎となる「言葉」を学ぶこと、特に「語彙」を増やすことに重点をおき、さまざまなタイプの「しりとり」問題を集めました。
50．観覧車	観覧車やメリーゴーラウンドなどを舞台にした「回転系列」の問題集。「推理思考」分野の問題ですが、要素として「図形」や「数量」も含みます。
51．運筆①	鉛筆の持ち方を学び、点線なぞり、お手本を見ながらの模写で、線を引く練習をします。
52．運筆②	運筆①からさらに発展し、「欠所補完」や「迷路」などを楽しみながら、より複雑な鉛筆運びを習得することを目指します。
53．四方からの観察 積み木編	積み木を使用した「四方からの観察」に関する問題を練習できるように構成。
54．図形の構成	見本の図形がどのような部分によって形づくられているかを考えます。
55．理科②	理科的知識に関する問題を集中して練習する「常識」分野の問題集。
56．マナーとルール	道路や駅、公共の場でのマナー、安全や衛生に関する常識を学べるように構成。
57．置き換え	さまざまな具体的・抽象的事象を記号で表す「置き換え」の問題を扱います。
58．比較②	長さ・高さ・体積・数などを数学的な知識を使わず、論理的に推測する「比較」の問題を練習できるように構成。
59．欠所補完	線と線のつながり、欠けた絵に当てはまるものなどを求める「欠所補完」に取り組める問題集です。
60．言葉の音（おん）	しりとり、決まった順番の音をつなげるなど、「言葉の音」に関する問題に取り組める練習問題集です。

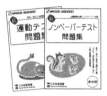

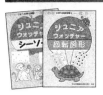

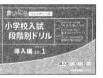

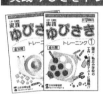

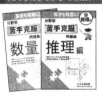

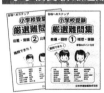

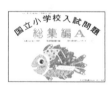

『読み聞かせ』×『質問』＝『聞く力』

お話の記憶の練習に最適

1話5分の 読み聞かせお話集①②

「アラビアン・ナイト」「アンデルセン童話」「イソップ寓話」「グリム童話」、日本や各国の民話、昔話、偉人伝の中から、教育的な物語や、過去に小学校入試でも出題された有名なお話を中心に掲載。お話ごとに、内容に関連したお子さまへの質問も掲載しています。「読み聞かせ」を通して、お子さまの『聞く力』を伸ばすことを目指します。　①巻・②巻　各48話

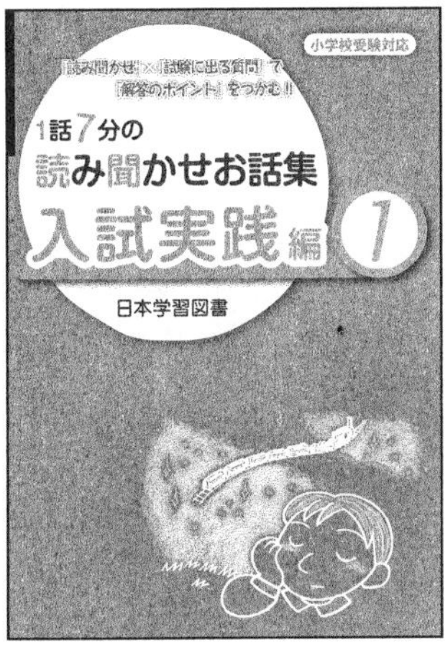

1話7分の読み聞かせお話集 入試実践編①

国立・私立小学校受験対応

最長1,700文字の長文のお話を掲載。有名でない＝「聞いたことのない」お話を聞くことで、『集中力』のアップを目指します。設問も、実際の試験を意識した設問としています。ペーパーテスト実施校の多くが「お話の記憶」の問題を出題します。毎日の「読み聞かせ」と「試験に出る質問」で、「解答のポイント」をつかんで臨みましょう！　50話収録

ニチガクの　この5冊で受験準備も万全！

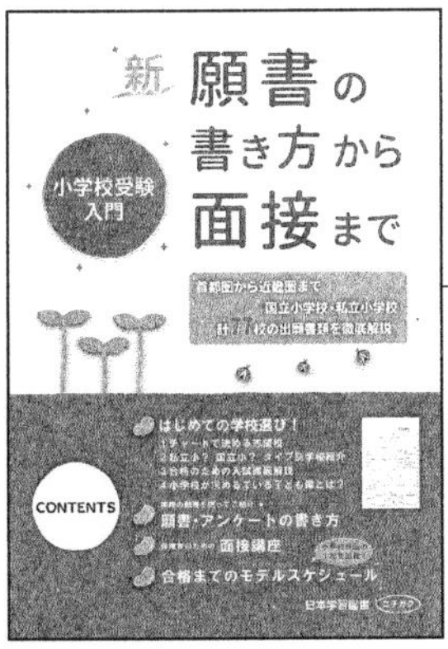

小学校受験入門 願書の書き方から面接まで　リニューアル版

主要私立・国立小学校の願書・面接内容を中心に、学校選びや入試の分野傾向、服装コーディネート、持ち物リストなども網羅し、受験準備全体をサポートします。

小学校受験で 知っておくべき 125のこと

小学校受験の基本から怪しい「ウワサ」まで、保護者の方々からの 125 の質問にていねいに解答。目からウロコのお受験本。

新　小学校受験の 入試面接Q＆A　リニューアル版

過去十数年に遡り、面接での質問内容を網羅。小学校別、父親・母親・志願者別、さらに学校のこと・志望動機・お子さまについてなど分野ごとに模範解答例やアドバイスを掲載。

新　願書・アンケート 文例集500　リニューアル版

有名私立小、難関国立小の願書やアンケートに記入するための適切な文例を、質問の項目別に収録。合格を掴むためのヒントが満載！願書を書く前に、ぜひ一度お読みください。

小学校受験に関する 保護者の悩みQ＆A

保護者の方約 1,000 人に、学習・生活・躾に関する悩みや問題を取材。その中から厳選した 200 例以上の悩みに、「ふだんの生活」と「入試直前」のアドバイス２本立てで悩みを解決。

日本学習図書株式会社

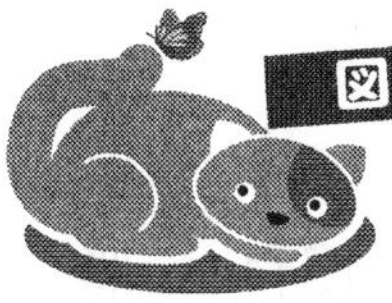

図書カード 1000 円分プレゼント

ご記入日　　　年　　月　　日

☆国・私立小学校受験アンケート☆

※可能な範囲でご記入下さい。選択肢は○で囲んで下さい。

〈小学校名〉＿＿＿＿＿＿＿＿＿＿＿＿　〈お子さまの性別〉男・女　〈誕生月〉＿＿月

〈その他の受験校〉（複数回答可）＿＿＿＿＿＿＿＿＿＿＿＿＿＿＿＿＿＿＿

〈受験日〉①：＿＿月＿＿日〈時間〉＿＿時＿＿分～＿＿時＿＿分

②：＿＿月＿＿日〈時間〉＿＿時＿＿分～＿＿時＿＿分

〈受験者数〉男女計＿＿名（男子＿＿名　女子＿＿名）

〈お子さまの服装〉＿＿＿＿＿＿＿＿＿＿＿＿＿＿＿＿

〈入試全体の流れ〉（記入例）準備体操→行動観察→ペーパーテスト

＿＿＿＿＿＿＿＿＿＿＿＿＿＿＿＿＿＿＿＿＿＿＿＿＿＿

Eメールによる情報提供

日本学習図書では、Eメールでも入試情報を募集しております。

下記のアドレスに、アンケートの内容をご入力の上、メールをお送り下さい。

ojuken@nichigaku.jp

●行動観察　（例）好きなおもちゃで遊ぶ・グループで協力するゲームなど

〈実施日〉＿＿月＿＿日〈時間〉＿＿時＿＿分～＿＿時＿＿分〈着替え〉□有　□無

〈出題方法〉□肉声　□録音　□その他（　　　　　　　）〈お手本〉□有　□無

〈試験形態〉□個別　□集団（　　　人程度）

〈会場図〉

〈内容〉

□自由遊び

＿＿＿＿＿＿＿＿＿＿＿＿＿＿＿＿＿＿＿＿

□グループ活動

＿＿＿＿＿＿＿＿＿＿＿＿＿＿＿＿＿＿＿＿

□その他

＿＿＿＿＿＿＿＿＿＿＿＿＿＿＿＿＿＿＿＿

●運動テスト（有・無）　（例）跳び箱・チームでの競争など

〈実施日〉＿＿月＿＿日〈時間〉＿＿時＿＿分～＿＿時＿＿分〈着替え〉□有　□無

〈出題方法〉□肉声　□録音　□その他（　　　　　　　）〈お手本〉□有　□無

〈試験形態〉□個別　□集団（　　　人程度）

〈会場図〉

〈内容〉

□サーキット運動

□走り　□跳び箱　□平均台　□ゴム跳び

□マット運動　□ボール運動　□なわ跳び

□クマ歩き

□グループ活動＿＿＿＿＿＿＿＿＿＿＿＿＿＿

□その他＿＿＿＿＿＿＿＿＿＿＿＿＿＿＿＿

●知能テスト・口頭試問

〈実施日〉 ＿＿月＿＿日 〈時間〉 ＿＿時＿＿分 ～ ＿＿時＿＿分 〈お手本〉□有 □無

〈出題方法〉 □肉声 □録音 □その他（　　　　　） 〈問題数〉 ＿＿枚 ＿＿問

分野	方法	内　　容	詳　細・イ　ラ　ス　ト
（例） お話の記憶	☑筆記 □口頭	動物たちが待ち合わせをする話	（あらすじ） 動物たちが待ち合わせをした。最初にウサギさんが来た。次にイヌくんが、その次にネコさんが来た。最後にタヌキくんが来た。 （問題・イラスト） ３番目に来た動物は誰か 
お話の記憶	□筆記 □口頭		（あらすじ） （問題・イラスト）
図形	□筆記 □口頭		
言語	□筆記 □口頭		
常識	□筆記 □口頭		
数量	□筆記 □口頭		
推理	□筆記 □口頭		
その他	□筆記 □口頭		

●制作　（例）ぬり絵・お絵かき・工作遊びなど

〈実施日〉＿月＿日 〈時間〉＿時＿分　～　時＿分

〈出題方法〉 □肉声 □録音 □その他（　　　　　　） 〈お手本〉□有 □無

〈試験形態〉 □個別 □集団（　　　　人程度）

材料・道具	制作内容
□ハサミ □のり（□つぼ □液体 □スティック） □セロハンテープ □鉛筆 □クレヨン（　色） □クーピーペン（　色） □サインペン（　色）□ □画用紙（□ A4 □ B4 □ A3 　□その他：　　　　　） □折り紙 □新聞紙 □粘土 □その他（　　　　　　）	□切る □貼る □塗る □ちぎる □結ぶ □描く □その他（　　　　　　） タイトル：＿＿＿＿＿＿＿＿

●面接

〈実施日〉＿月＿日 〈時間〉＿時＿分　～　時＿分 〈面接担当者〉＿＿名

〈試験形態〉 □志願者のみ（　　）名 □保護者のみ □親子同時 □親子別々

〈質問内容〉

※試験会場の様子をご記入下さい。

□志望動機　□お子さまの様子

□家庭の教育方針

□志望校についての知識・理解

□その他（　　　　　　　　　　）

（ 詳　細 ）

・

・

・

・

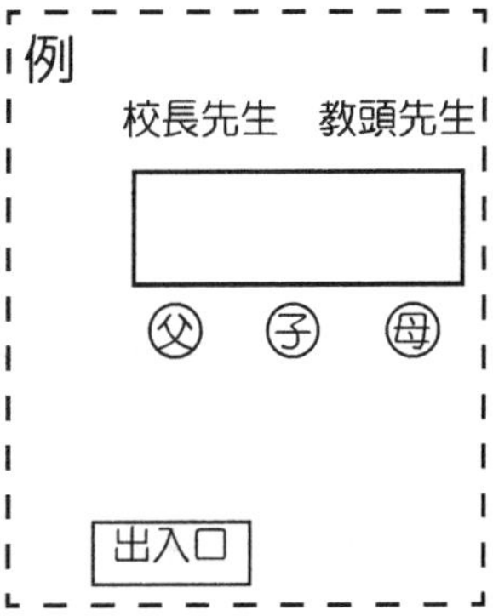

●保護者作文・アンケートの提出（有・無）

〈提出日〉 □面接直前　□出願時　□志願者考査中　□その他（　　　　　　　）

〈下書き〉 □有　□無

〈アンケート内容〉

（記入例）当校を志望した理由はなんですか（150 字）

日本学習図書株式会社

●説明会（□有　□無）〈開催日〉　　月　　日　〈時間〉　　時　　分　～　　時　　分

〈上履き〉　□要　□不要　〈願書配布〉　□有　□無　〈校舎見学〉　□有　□無

〈ご感想〉

●参加された学校行事（複数回答可）

公開授業〈開催日〉　　月　　日　〈時間〉　　時　　分　～　　時　　分

運動会など〈開催日〉　　月　　日　〈時間〉　　時　　分　～　　時　　分

学習発表会・音楽会など〈開催日〉　　月　　日　〈時間〉　　時　　分　～　　時　　分

〈ご感想〉

※是非参加したほうがよいと感じた行事について

●受験を終えてのご感想、今後受験される方へのアドバイス

※対策学習（重点的に学習しておいた方がよい分野）、当日準備しておいたほうがよい物など

＊＊＊＊＊＊＊＊＊＊＊＊　ご記入ありがとうございました　＊＊＊＊＊＊＊＊＊＊＊＊

必要事項をご記入の上、ポストにご投函ください。

なお、本アンケートの送付期限は入試終了後３ヶ月とさせていただきます。また、入試に関する情報の記入量が当社の基準に満たない場合、謝礼の送付ができないことがございます。あらかじめご了承ください。

ご住所：〒

お名前：　　　　メール：

ＴＥＬ：　　　　ＦＡＸ：

アンケートのご記入
ありがとうございました

ご記入頂いた個人に関する情報は、当社にて厳重に管理致します。弊社の個人情報取り扱いに関する詳細は、www.nichigaku.jp/policy.php の「個人情報の取り扱い」をご覧下さい。